The Wave
나로부터 시작하는 물결 리더십

나로부터 시작하는 **물결 리더십**

The Wave

지은이 | 유혜선
펴낸이 | 김성실
편집주간 | 김이수
편집기획 | 조성우 · 박남주 · 천경호
마케팅 | 이동준 · 이준경 · 강지연 · 이유진
편집디자인 | 하람 커뮤니케이션(02-322-5405)
인쇄 | 중앙 P&L(주)
제본 | 대흥제책
펴낸곳 | 시대의창
출판등록 | 제10-1756호(1999. 5. 11)

초판 1쇄 인쇄 | 2008년 3월 10일
초판 1쇄 발행 | 2008년 3월 20일

주소 | 121-816 서울시 마포구 동교동 113-81 (4층)
전화 | 편집부 (02) 335-6125, 영업부 (02) 335-6121
팩스 | (02) 325-5607
이메일 | ckh1196@hanmail.net(책임편집자)

ISBN 978-89-5940-098-0 (03320)
값 12,800원

© 유혜선, 2008, Printed in Korea.

• 무단 전재와 복제를 금합니다.
• 잘못된 책은 바꾸어 드립니다.

The Wave

Meet the New Wave Leadership!

나로부터 시작하는 **물결 리더십**

유혜선 지음

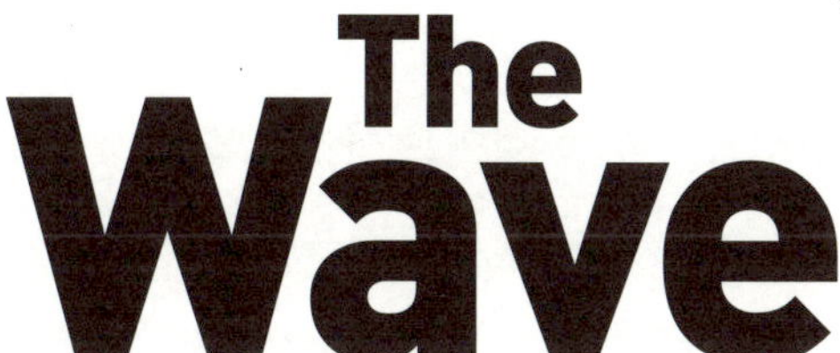

시대의창

글을 시작하며

얼마 전 〈Tell Me〉라는 노래가 전국적으로 열풍을 일으켰다. 부드럽게 흐느적거리는 춤이 많은 사람들에게 큰 공감을 일으켰던 것이다. 이 노래로 인해 전국이 온통 웨이브 물결로 출렁거렸다. 많은 사람들이 이 노래에 반한 이유는 아마 부드러움 때문이었을 것이다. 사람들은 각이 진 딱딱함보다 각 없는 부드러움을 더 좋아한다. 우리가 보고 듣고 말하는 수많은 행위에서 그것은 더 명확하게 나타나고 있다.

TV에 나오는 연예인들의 아슬아슬한 S라인 몸매나 아롱아롱한 코맹맹의 소리가 사람들에게 싫지 않은 매력을 주는 것도 이러한 부드러움과 사람의 마음을 파고드는 유연함이 있기 때문이다.

우리나라 정치인들은 항상 그래왔듯이 국민들에게 뱃멀미를 일으키는 역풍을 안겨다 주곤 한다. 그들의 행동이 국민들의 생활에 얼마나 막강한 영향력을 행사하고 있는지 알기나 하는지 말이다. 그들이 보여주었던 이미지는 강함, 포효, 광란, 외침, 경쟁 같은 강렬한 자극과 피곤함이다. 그래서 사람들은 그들을 보고 "리더십은 죽었다"고 말한다.

이제 누가 누구를 이끈다는 말은 옛말이 된 것 같다. 가만히 있어도 엄청난 정보의 홍수 속에서 누구나 똑똑하게 살 수 있기 때문이다. 그러나 쉬지 않고 쏟아지는 정보와 사건들 속에서 사람들은 서로에게 점점 식상함을 느끼고 있다.

사람에 대한 신비감 그리고 각자가 가지고 있는 고유의 카리스마가 상실되어가는 오늘날, 가슴 떨리는 리더십의 존재를 찾아낸다는 것은 정말 어려운 일이다. 우리 사회에서 이제 리더를 찾아보기란 쉽지 않다는 말이다.

그렇지만 우리가 모르는 사이 우리의 삶 속으로 파고드는 영향력이 있다. 누군가의 강요나 타협이 아닌 나 자신도 모르게 이끌려가고 있는 이 시대의 흐름이 있다는 것이다. 이것이 바로 앞에서 말한 부드러움의 물결이다. 우리는 그 물결의 파도를 타면서 거대한 세계를 마음에 품고 살아가고 있다. 그러나 큰 세계, 큰 세상을 품었지만 이 세상은 너무 외롭고 텅 비어 있다. 또 디지털화되어가는 너무도 편리한 세상에서 무엇인가 '심심한' 느낌을 지울 수 없다.

'이제 우리 기계가 아닌 사람과 대화하자. 가슴과 가슴으로 대화하자.' 이런 생각이 마음속 깊은 곳에서부터 조금씩 올라오기 시작하더니 이제는 목까지 치밀어 올랐다. 고요하면서 부드럽게 다가오는 따뜻함이 정말 그리운 시대다.

물과 같은 사람이 되라는 말이 있다. 그리고 물의 흐름처럼 대화하라고 한다. 담기는 그릇에 따라 자유롭게 모양을 달리하면서 그 나름대로의 특징을 가지고 있는 물은 아무런 부담도 주지 않는다. 그런데 이 무색무취의 담백함이 사람의 가슴을 깊이 파고든다. 지나치게 자신감 있는 단언적인 말보다 부드러운 물처럼 가슴을 파고드는 말이 더 힘이 있는 것은 이런 이유에서다.

인기 역사사극 〈태왕사신기〉에 주인공으로 출연했던 배용준은 부드러운 카리스마를 가진 배우로 잘 알려져 있다. 이 드라마에서 배용준은 광개토대왕이 가지고 있던 강하고 권위적인 이미지를 부드러움으로 바꿔놓으며 큰 감동을 주었다.

이처럼 부드러운 물결은 사람들의 가슴을 파고드는 강한 울림이 있다. 그리고 그 물결은 무한대의 영역으로 끊임없이 퍼져나간다. 그리고 새로운 세계를 만들어낸다.

리더십과 영향력의 법칙

기존에는 조직 내 권력이 바로 영향력이었다. 또 리더는 조직의 목표를 얼마나 달성했는가 하는 가시적인 성과물에 의해 평가받았다. 이러한 리더십은 수직적으로 조직과 사람을 지배하던 폐쇄적인 지배전달 방식의 리더십이다.

하지만 오늘날에는 이러한 수직적인 지배전달 방식의 리더십은 지양되고 있다. 조직의 성과물이나 목표가 그러한 획일적인 수치에 의해서만 평가되는 것이 아니기 때문이다. 아무리 높은 지위에 있어도 따르는 자가 없다면 그는 리더가 아닌 것이다. 사람들의 마음을 얻지 못하면 이제는 아무것도 얻을 수 없다.

어느 날 상업미술 아티스트인 낸시 랭이라는 20대 초반의 조그만 여자가 우리나라 디지털 시장에 막대한 영향력을 과시하면서 기업 경영자들의 마음을 설레게 한 적이 있다. 전 직원이 원가절감, 구조조정, 조직혁신을 외치며 일을 해도 나타나지 않던 기업의 경영 성과가 그 조그만 아티스트의 상상력과 예술적 감각으로 인해 너무도 쉽게 나타났던 것이다. 낸시 랭은 네티즌들의 마음을 파고드는 방법을 알고 있었다. 때문에 엄청난 영향력을 행사할 수 있었던 것이다. 이처럼 오늘날의 리더십은 과거의 획일적이고 딱딱한 직선 모양이 아니라 부드러움으로 영향력을 발휘하는 곡선 모양이다. 물론 경우에 따라 모양과 형태를 달리하기도 한다. 곧, 물에 떨어지는 돌멩이의 크기 혹은 바람의 세기에 따라 물결의 모양이 달라지는 것처럼 리더십도 상황에 따라 다양한 모양과 색깔을 만들어내는 것이다. 그런데 이러한 다양성이 우리의 삶에 많은 변화를 일으키고 있다. 기존에 우리가 정해놓았던 수많은 가치기준들이 흔들리면서 새로운 시대에 맞는 '관계성의 혁명'이 일어나고 있는 것이다. 그리고 이 변화가 새로운 삶의 모습으로 나타나기 시작했다. 자크 아탈리Jacques Attali는 이런 시대를 살아가는 오늘날의 현대인들을 그의 저서 《미래의 물결》에서 '디지털 유목민'이라고 했다.

따라서 우리는 리더십에 대한 영향력의 법칙을 새로운 모양으로 다시 정리해야 한다. 먹고 살아야 한다는 절대 절명의 가치들로 우리를 하나로 묶어놓았던 지난 시절의 기준들이 이제는 낡고 헐렁해진 잣대로 전락했기 때문이다. 기술의 발달과 디지털 혁명은 기존의 억압적이고 관습적인 전통과 풍습, 기타 모든 체제로부터의 우리를 해방시켜주었다. 이로서 우리는 새롭게 주어진 시간과 새로운 삶의 패턴을 지배할 새로운 가치관이 필요하게 되었다.

지금까지의 리더십에는 '나'가 없었다.

예전에는 강한 카리스마를 가진 사람에게 우리는 가슴 떨리는 전율을 느끼면서 무한한 신뢰를 보냈다. 왜냐하면 그러한 사람들이 좋은 성과모델이 되어주었기 때문이다. 따라서 그들에게 모든 것을 맞추어야만 했다. '나'는 존재할 수 없었던 것이다. 그러나 이제는 행복해보이고 재미있는 사람 앞에 모두가 줄을 선다. 디지털 시대의 커뮤니티는 철저하게 '나'를 중심으로 그 방향성이 정돈되고 있는 것이다. 그리고 우주의 핵심인 '나'로부터 시작되는 행복의 힘이 하나의 물결이 되어 내 주변사람들에게 퍼져가 이웃, 사회 그리고 국가에 거대한 물결을 일으키고 있다. 이러한 시대 조류 속에서 우리는 어떻게 하면 가정과 사회에서 다른 사람에게 긍정적인 영향력을 행사하며 살 수 있을까를 고민해야 한다. 이것이 오늘날 감성 서비스 사회의 가장 핵심적인 키워드다.

이제는 서비스가 아닌 것이 없다고 할 정도로 서비스는 우리의 삶에 막대한 영향력을 행사하고 있다. 리더십 역시 마찬가지다. 사람의 마음을 움직이는 서비스 마인드가 없다면 영향력 역시 행사할 수가 없다. 그 영향력이 있느냐 없느냐가 결국 행복을 좌우할 것이다.

리더십은 호수에 떨어진 물방울이 물결을 일으키며 퍼져나가는 것처럼 자신을 중심으로 세상을 향해 퍼져가는 영향력이다. 그리고 이러한 영향력은 세상으로 퍼져나갈수록 엄청난 파고를 일으킬 것이다. 이 책에서는 이러한 영향력의 모습을 4가지 물결의 법칙으로 설명했다.

PART01에서는 우주의 중심이 되는 '나'로부터 시작하는 '핵심의 원', '나'라는 존재가 세상에 직면하는 순간부터 퍼져가는 '통제의 원', 자신의 존재감과 행복감을 더 크게 확산시키는 '상상의 원', 내가 인지하지 못한 사이에 나로부터 퍼져나가는 세계와 우주공간을 향한

'무한대의 원'을 다루었다.

PART02에서는 '이러한 영향력을 가진 리더들은 어떤 능력을 갖추고 있는가?' '우리는 왜 그들을 글로벌 리더라고 부르는가'에 대해 살펴보았다. 또 이러한 글로벌 리더들의 특성을 물의 10가지 특징과 관련지어 비교하였다.

그리고 PART03에서는 기존의 리더십 이론과 한계를 넘어서 우리의 삶에 실질적인 부가가치를 높여주는 글로벌 리더십의 실질적인 사례를 물결의 법칙의 4가지 특성에 맞게 정리했다.

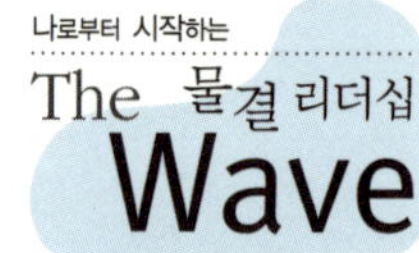

CONTENTS

PART01 물결 리더십

리더십은 영향력이다 | 18

PART02 왜 우리는 그들을 글로벌 리더라고 부르는가

PART03 삶의 부가가치를 높여주는 새로운 패러다임
변화하는 리더만이 살아남는다 | 166

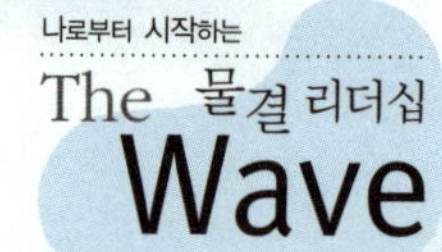

오늘이라는 것은 우리들의 가장 중요한 소유물이다.
그것은 분명히 우리가 다시 지나칠 수 없는 흘러가는 시간의
한때이기 때문이다. 최상의 자리란 현재의 순간에서 가장
많이 노력하는 자에게 주어지는 것이다.

―앤드류 카네기

PART 01

물결 리더십

- 물결의 법칙 **하나**: 핵심의 원 (셀프 리더십)

- 물결의 법칙 **둘**: 통제의 원 (임파워링 리더십)

- 물결의 법칙 **셋**: 상상의 원 (감성 리더십, 여성 리더십)

- 물결의 법칙 **넷**: 무한대의 원 (글로벌 리더십, 테크놀로지 리더십)

리더십은 영향력이다

리더십은 마치 호수 위에 떨어진 물방울이 물결을 일으키며 멀리 퍼져나가는 것과 같다. 물방울은 호수의 수면에 닿는 순간 물결을 만들어내는데 수면에 닿는 물방울의 힘이 크면 클수록 물결은 더 크게 일어난다. 또 동그란 물결은 다른 물결과 더불어 예쁜 모양을 만들어내기도 하고 힘없이 사라져 버리기도 한다. 그뿐 아니라 물방울이 돌 위에 오랜 시간 떨어지면 처음에는 계란으로 바위를 치는 것처럼 아무런 효과가 없지만, 나중에는 조금씩 파이기 시작해 결국 물방울의 모습을 닮은 부드러운 구멍이 만들어진다. 이것은 아무리 솜씨 좋은 조각가라 해도 흉내 낼 수 없을 것이다. 리더십이란 이러한 물의 모습을 고루 닮았다.

우리는 작은 세계에 살고 있다. 각종 통신 수단과 운송 수단의 발달로 나라와 나라 사이의 국경의 벽이 점점 허물어지고 있는 것이다. 이러한 시대에 우리는 나 자신도 인식하지 못하는 엄청난 정보들의 영향을 받으며 살아가고 있다.

오늘날과 같은 새로운 패러다임 속에서 우리는 이에 맞는 새로운 리더십을 키워나가야 한다. 이러한 새로운 리더십을 앞에서 설명한 물의 특성에 맞게 4가지 물결의 법칙으로 정리해보았다.

물결의 법칙 **하나** : 핵심의 원 (셀프 리더십)

나 자신을 알아야 다른 사람도 알 수 있고 다른 세계도 볼 수 있다. 나 자신이 바로 소우주인 것이다. 우주의 중심은 바로 '나'로부터 시작되는데, 나는 우주의 가장 강력한 자석이다. 꿈, 사랑, 가정, 나라, 우주도 내가 원하는 것들만 나에게 다가온다. 따라서 내가 존재하지 않으면 어떤 관계도 맺을 수 없고 내가 올바른 리더십을 갖추고 있지 못하면 다른 사람에게 자신의 가치를 펼쳐보이지도 못한다.

리더십은 자기 자신으로부터 시작되는 하나의 물방울이 세상과 어떻게 만나느냐와 관련이 있다. 수직적 리더십에서 수평적 리더십으로 변화하는 시대에는 리더의 핵심이 상대방이 아니라 '나'가 되는 것이다. 때문에 독립성을 가지고 철저한 자기관리와 꾸준한 자기계발 통해 가치 있는 '나'를 만들어가야 한다.

이처럼 자신의 소중함을 인정하는 나르시시즘과 외부의 것을 잘 받아들여 자신에게 맞게 정화시키는 카타르시스로 가는 것이 '핵심의 원'에서 가장 기본이 되는 개념이다.

물결의 법칙 **둘** : 통제의 원 (임파워링 리더십)

'통제의 원'이란 스스로의 힘으로 자신을 통제하여 다른 사람에게 영향력을 행사하는 범위를 말한다. 리더 개인의 역량이 뛰어나다고 해서 반드시 그 조직이 성공하는 것은 아니다. 성공은 리더가 가지고 있는 역량이 팀원들에게 얼마나 긍정적으로 작용하느냐에 달려 있다.

임파워링 리더십인 '통제의 원'은 영향력을 극대화하여 생산성과 효율성을 높이는 단계다. 이러한 단계를 실현하기 위해서는 원칙 중심의 리더십, 투명 경영, 상대방과 조직원에 대한 무한한 신뢰, 권한 위임 등으로 팀원들의 역량을 고취시키는 리더의 힘이 있어야 한다.

☽ 물결의 법칙 셋 : 상상의 원 (감성 리더십, 여성 리더십)

21세기는 무한 상상의 시대다. 이 시대에는 호기심과 상상력이 중요한 자질이다. 끝없는 도전과 창조의 리더십, 창의적인 여성 리더십, 디자인과 서비스 가치를 선도하는 리더십 등이 여기에 해당한다. 즉, 현재의 상황에 머무르지 않고 미래를 향해 도전할 줄 알아야 한다. 발상의 전환을 통해 자유로움과 새로움을 추구하거나, 변화와 혁신을 통해 새로운 것을 창조해내지 못하는 리더는 도태되고 말 것이다. 늘 다른 모습으로 준비하고 변화하는 리더만이 살아남는다. 꿈꾸는 것만큼 계획하고, 계획한 것만큼 이루는 것이 바로 '상상의 원'인 감성 리더십의 핵심이다.

☽ 물결의 법칙 넷 : 무한대의 원 (글로벌 리더십, 테크놀로지 리더십)

지금까지는 리더십에 대해 이야기할 때 이 영역은 다루지 않았다. '무한대의 원'은 테크놀로지 리더십과 글로벌 리더십에 의해 가능해진, 세계와 우주를 뛰어넘는 영향력을 말한다. 부富의 새로운 변신 코드인 노블리스 오블리제의 실현 그리고 e편한 세상에서의 부메랑 물결이 여기에 해당한다.

세상을 흔들어놓고 많은 사람들의 삶과 인생에 엄청난 영향력을 과시하는 글로벌 리더들이 대부분 이러한 '무한대의 원'에 속해 있다. '나비효과'처럼 그들의 말 한마디, 행동 하나하나가 엄청난 변화를 초래한다. '무한대의 원'은 이처럼 그 영향력과 결과를 가름할 수 없는 영역이다. 이 영역에 해당하는 리더들은 모든 가치의 재설정이 가능하며 영역의 파괴, 관계성의 혁명, 가치관의 혼돈, 모럴 헤저드 같은 새로운 가치를 가진 세상을 만들어 낼 수 있다. 그만큼 그들에게 부여되는 책임감도 크다. 그들에 의해 세계질서와 도덕이 변화될 수 있기 때문이다.

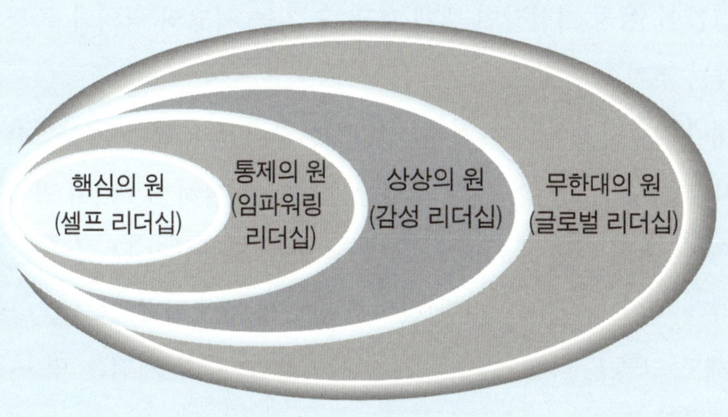

핵심의 원 (셀프 리더십)

현장 근무를 마치고 본사로 복귀하라는 명령이 내려왔다. 오늘은 100여 명이 넘는 직원들의 환송을 받는 날이다. 일렬로 도열한 그들의 힘찬 경례와 우렁찬 목소리가 내 심장부를 흔들었다.

"지점장님 그동안 정말 수고하셨습니다!"

그들이 여성 지점장인 내게 보낼 수 있는 최고의 경의와 존경의 표시라는 것이 느껴졌다.

내가 2년 전 발령받은 곳은 서비스 현장이었다. 남자 기사들만 80여 명이었고 수리 센터와 지점 직원들까지 모두 합하면 100여 명이 넘었다. 이런 대형 지점에 여성으로서는 최초로 지점장이 된 것이다.

약간 배가 나오고 머리가 벗겨진 중년의 팀장과 첫인사를 나눌 때만 해도 그들은 나를 상사로 인정하지 않았다. 그 지점은 몇 년 동안 늘 최하위의 평가를 받은 곳이었다.

"여기가 도대체 무슨 일을 하는 곳인지 알고나 왔어요? 그냥 편안하게 쉬었다 가세요. 우리도 안 하고 싶어서 그러는 게 아니라 아무리 해도 안 되는데 어쩌란 말입니까?"

처음 부임하던 날 팀장이 내게 한 말이다. 그들은 패배주의와 허무주의 그리고 무사안일주의에 빠져 있었다. 이런 그들과 함께 보낸 2년간의 세월을 뒤로하고 이제 다른 근무지로 자리를 옮겨야 했다.

나는 지난 2년 동안 "우리가 최고"라는 자부심을 그들에게 심어주었다. 한 직원은 내게 이런 말을 했다.

"지금까지 많은 상사를 모셨지만 지점장님을 통해서 리더십이 무엇인지를 처음 알았습니다."

내가 들었던 말 중에서 최고의 찬사였던 것 같다. 나는 그들에게 기존의 권위적이고 획일적인 리더십이 아닌, 그들의 마음을 잔잔하게 움직여 큰 파도를 만들어내는 물결 리더십이 무엇인지 보여주었다.

내가 현장으로 처음 발령받았을 때 나는 작은 물방울에 지나지 않았다. 나는 그 작은 물방울을 힘 있는 물방울로 만들어 잔잔한 호수에 큰 물결을 일으키게 하기 위해 끊임없이 노력했다. 그리고 결국 그 작은 물방울이 잔잔한 파도를 일으켜 또다른 파도를 만들어내고 그 영향력에 의해서 수많은 파도가 다시 만들어지는, 처음과는 상상할 수 없는 변화의 물결을 보게 되었다. 마치 눈에는 보이지 않지만 새롭게 우리의 삶에 영향력을 미치는 우리 주변의 거대한 변화의 물결 같다는 생각이 들었다.

대부분의 리더들은 권위적인 태도로 불특정 다수에게 지시를 내린다. 그리고 구성원들이 그 분위기에 위축되어 있으면 조직을 장악했다고 생각하고, 그런 일시적인 '장악'을 자신의 능력이라고 믿는다. 하지만 중요한 것은 그렇다고 해서 조직 안에 잠재되어 있는 문제들이 해결된 것이 아니라는 것이다. 그 문제들은 한 순간의 방심을 통해서 언제든지 고개를 내밀고 나올 수 있다.

그러나 진정한 리더는 조직의 핵심인 구성원들의 마음을 움직이도록 노력하는 사람이다. 조직의 실체는 일이 아니라 사람이기 때문이다.

나는 지점장으로서 우선 지점의 문제들을 수면 위로 떠오르게 하는 일부터 시작했다. 투명하게 문제를 보일 수 있어야 관리할 수 있고 모든 직원들이 문제 해결에 참여할 수 있기 때문이다. 나는 직원들에게 '이것은 누구의 잘못을 따지자는 것이 아니다. 그렇기 때문에 비난하거나 부끄러워할 필요가 없다'고 말했다. 그리고 문제를 문제로 인식하지 못했을 뿐임을 강조하면서 끈임없이 점검하고, 토론하고, 교육하고, 다시 확인하고, 조정하고 실행하면 된다고 했다.

1. 내면으로의 여행

> 우정은 내민 손이나 친절한 미소 혹은 교제의 즐거움 속에 있는 것이 아니라 세상의 누군가가 당신을 믿고 있다는 사실을 알았을 때 그리고 친구로서 당신을 진정으로 신뢰하고 있음을 알았을 때 당신이 받는 영적인 감동이다.
>
> — 랠프 에머슨

리더십의 핵심은 무엇일까? 리더십을 상대적인 개념으로 생각하기 쉽지만 사실 리더십의 핵심은 바로 자기 자신이다. 리더십은 자신을 중심으로 하는 '핵심의 원'에서 바깥으로 물결처럼 퍼져가는 무한한 영향력과 같다. 우주의 중심인 '나'가 바로 '핵심의 원'인 것이다. 왜냐하면 모든 우주의 자전과 공전은 '나'를 중심으로 이루어지기 때문이다. 결국 자신의 눈높이에서 문제를 발견하고 자신의 눈높이에서 문제를 해결한다. 그래서 조직은 리더가 가진 그릇 이상으로 성장할 수 없는 것이다. 리더십이 조직 성장의 수준을 결정한다고 한다면 셀프 리더십이 그만큼 중요하다는 얘기가 된다. 강력한 셀프 리더십을 가진 힐러리 클린턴은 다음과 같이 말한다.

"나를 존재하게 하는 것은 '내가 원하는 일을 한다'는 나에 대한 정체성이다."

"커다란 야망을 품었을 때야말로 큰 결실을 맺을 수 있다."

명확한 비전과 정확한 상황판단 그리고 '나는 나의 길을 가야 한다'는 확고한 자신만의 신념을 가지고 있어야 한다는 말이다.

어떤 의미에서 우리는 우리 자신의 한 도구에 지나지 않는다. 따라서 자신의 도구가 어떻게 정비되어 있느냐에 따라 얼마나 크고 훌륭한 집을 지을 수 있는가가 결정된다. 자신이 가진 물방울이 수면 위에 떨어져 세상과 만날 때 영롱한 목소리와 단단한 파워를 낼 수 있어야 강력한 영향력을 발휘할 수 있는 것이다.

강금실 전 법무장관은 "정말 중요한 것은 자신의 마음의 선택"이라고 말한다. 어느 쪽이 나을까 고민될 때는 마음이 편한 쪽을 택한다는 것이다. 무모하다는 평가를 받을지라도 자기 마음이 자유로워지면 후회가 안 생기고, 또 그런 사람들이 아름다운 성공을 거둔다고 한다.

내가 처음 서비스 현장으로 발령받았을 때 나는 내가 가진 약간의 패배의식과 좌절감이 자칫 그들에게 전파될 수도 있다는 생각이 들었다. 본사에서 내려온 초라한 내 사물함 박스. 그 박스의 모습은 마치 오랜 직장생활의 허물을 벗어 던진 형체가 없는 한 마리 벌레껍질 같다는 생각도 들었다.

'나는 조직의 파워게임에 밀려서 지방으로 발령받은 것인가?'라는 생각과 함께 알 수 없는 조직의 쓴맛이 씁쓸하게 느껴지는 것 같았다. 취기와 적당히 부은 눈으로 바라본 나의 사물함 박스는 더없이 초라해 보였다. 그러나 이것이 나를 성장하게 하는 하나의 과정이라 생각하자 새로운 열정이 솟아나기 시작했다.

2. 카타르시스와 나르시시즘의 회복

"해지는 산마루에 그림자 하나

이름도 없다 성도 없다 묻지를 마라

의리와 정의로 살아왔기에

외로워도 안 울었다 억울해도 참았다

목메어 운 것은 평생에 단 한 번

가지를 말라고 매달려 울었을 때

아~ 자하골의 미투리는 말없이 간다."

어릴 때 봤던 사극 드라마의 주인공처럼 나는 마치 억울함과 외로움을 참고 변방에서 성왕에 대한 그리움을 견디며 말없이 살아가는 자하골의 미투리가 된 것 같았다. 드디어 현장에서의 생활이 시작된 것이다.

정신과 전문의 양창순 박사에 따르면 대부분의 리더를 지배하는 감정이 경쟁심과 분노라고 한다. 다른 사람과의 경쟁에서 이기고 싶은 욕망이 오늘날과 같은 경쟁사회를 살아가는 사람들의 심리다. 이러한 욕망의 가장 중심에는 자신에 대한 지독한 사랑이 있다. 그런데 모든 사람으로부터 인정받고 사랑받고자 하는 욕구가 채워지지 않았을 때 사람들은 분노를 느낀다.

리더의 감정은 각종 의사결정을 내리는 데 매우 큰 영향을 미치기 때문에 조직을 승리로 이끌어야 하는 리더가 되려면 우선 자신의 마음을 다스릴 줄 알아야 한다. 이 세상에서 내가 가장 존중받고, 사랑받고 있다고 믿는 정신적인 건강함을 나르시시즘narcissism이라 하고 인간의 나쁜 감정의 찌꺼기를 배설해낼 때 얻는 쾌락의 순간을 카타르시스catharsis라고 한다.

리더는 항상 카타르시스를 경험하면서 나르시시즘 상태에 있어야 모든 조직원들의 마음을 자신이 원하는 방향으로 이끌 수 있다.

나는 나의 존재적 가치를 인식하는 나르시시즘의 회복과 이런 분노를 해소하는 감정의 정화상태인 카타르시스가 가장 필요했다. 직원들의 맑은 눈동자를 바라보면서 화려하고 파란만장했던 내가 이러한 곳에 와 있다는 패배의식을 극복하고, 한 조직의 장으로서 그들에게 뭔가 희망적인 영향력을 끼쳐야겠다는 생각이 들었다. 다른 각도에서 바라보면 나는 최초의 여성 지점장이었다. 그들에게는 선망의 대상이었을 것이다.

그동안 나는 교육팀장으로서 CEO의 의전을 담당했기 때문에 항상 모든 사원들의 시선을 받는 자리에 있었다. 그래서 CEO와 같은 스포트라이트를 받고 있다는 착각을 했는지도 모른다. 그러나 이제는 '당당한 실력으로 나를 이길 수 있어야 한다. 나를 이기는 모습을 보일 수 있어야 이 조직 모두가 함께 살 수 있다'는 것을 알게 되었다. 그래서 '나를 극복하고 맑고 즐거운 파장을 발산하자. 나로부터 출발하여 주변으로 퍼져나갈 수 있는 긍정적이면서 생산적이고 창의적인 에너지를 만들어 보자. 그렇다면 가장 먼저 해야 할 일이 무엇일까'를 고민하기 시작했다.

직원들은 열심히 하고는 있지만 일하는 방법을 모르는 것 같았다. 방법을 모르고 있다는 것은 문제가 무엇인지를 모르고 있다는 것이다. 그래서 '그들의 문제가 무엇인지를 찾자. 문제의 해결은 반드시 현장에 있다. 현장으로 가자'는 결론을 내렸다. 현장에서 나는 직원들과 함께 고객을 만나기 시작했고 함께 식사도 했다. 그리고 우리들의 문제를 같이 고민했다. 또 기존의 많은 관행들이나 회사의 제도적인 문제들이 무엇인지도 알아보았다. 무엇보다 내 자신이 그들의 리더로서 그들에게 해답과 대안을 제시할 수 있는 능력을 갖추어야한다는 생각이 들었기 때문이다. 이 시간들을 보내면서 나는 차츰 나르시시즘과 카타르시스가 회복되고 있다는 느낌이 들었다.

내가 경험했던 카타르시스와 나르시시즘을 위한 셀프컨트롤 4단계를 소개한다.

1. 자신의 존재가치를 인정하고 마음의 평정심을 찾자.
2. 한 조직의 장으로서 가장 행복했던 순간을 상상해보자.
3. 자신만의 역할범위와 자신만의 동작을 찾자.
4. 승리의 쾌감을 직원들과 서로 공유할 수 있도록 방법을 찾아 실행하자.

3. 티핑 포인트를 발견하다

인생은 속도가 아니라 방향이다. 꿈과 직업을 혼동하지 말고 현실에 타협해 꿈을 버리지 않길 바란다.
　　　　　　　　　　　　　　　　　　　　　　　　　　　　－ 스티븐 코비

나는 우선 우리가 왜 이 일을 하고 있는지를 고민했다. 나는 리더로서 직원들이 하는 일을 가치 있게 하고 빛을 발하게 해야 할 의무가 있었고, 직원들은 고객들이 만족과 감동을 느낄 수 있도록 해야 할 의무가 있었다. 우선 큰 문제부터 접근하기보다 아주 사소하고 간단한 문제부터 접근하기로 했다. 직원들에게 작은 일이지만 성취감과 만족감을 주어 '나도 할 수 있다'는 자신감을 갖게 하는 것이 중요하다는 생각이 들었기 때문이다. 그리고 부분적인 가치보다는 회사의 사명과 비전을 큰 그림으로 그려주고 그 속에서 그들의 역할을 찾게 하는 것도 필요한 것 같았다.

나는 직원들에게 "참여하지 않으면 절대로 희생하지 않는다. 여러분들이 직접 해 봐야 한다"고 주문했다. 그리고 명령대로 하는 것이 아니라 자신의 일을 즐겁고 효율적으로 할 수 있는 방법들을 토의를 통해 찾아보라고 했다. 직원들에게는 신나는 일이었던 같다. 직원들은 직접 가치 기준을 정하고 그것을 모두가 공유했다. 그리고 결과에 대한 보상기준과 처벌기준을 마련했을 뿐 아니라 그 역할을 할 수 있는 사람들까지 정했다.

어느 날 팀장이 내게 오더니 "저희들도 일등 한번 해보고 싶습니다.

뭔가 하면 될 것 같은데요?"라고 하는 것이었다. 그동안 내가 지적했던 것들을 마냥 잔소리로만 생각하지 않았던 것이다. 나는 뭔가 확 불이 붙는 것 같은 느낌이 들었다. 티핑 포인트를 발견한 것이다.

티핑 포인트Tipping Point라는 말은 어떤 것이 균형을 깨고 한 순간에 전파되는 극적인 순간을 말한다. 즉, 어느 한 순간에 폭발하듯이 일어나는 급격한 변화를 이르는 말이다. 이러한 큰 변화는 갑자기 발생하는 것이 아니라 점진적으로 나타나다가 어느 시점에서 급격히 확산되는 것이다.

월마트의 창업자 샘 월턴Sam Walton 회장은 침체되어 있는 조직을 활성화하기 위한 가장 좋은 방법은 동료 상호 간의 선의의 경쟁과 교육이라고 했다. 기업과 조직은 마치 거대한 빙산과 같기 때문에 가만히 내버려두면 서서히 녹아내리고 만다. 그래서 항상 찬바람을 조금씩 불어줘야 한다.

경쟁과 긴장

나는 직원들에게 선의의 경쟁을 하게 하고 긴장감을 주는 프로세스를 만들었다. 그리고 이 프로세스가 어느 정도 자리를 잡자 어느 지점도 따라오지 못할 엄청난 성과를 올리게 되었다.

시스템을 한번 만들어 놓으니까 그 시스템에 맞게 조직이 알아서 굴러갔다. 이제 조직은 참깨가 아닌 호박넝쿨이 되어서 참깨가 열심히 굴렀던 이전보다 더 높은 효율성과 생산성을 내기 시작했다. 일터를 즐거운 분위기로 만들고 나니까 직원들 역시 만나는 고객들에게 정말 좋은 서비스를 하고 있다는 자부심을 갖게 되었다.

부임하고 나서 처음 1년은 이처럼 문제점을 찾고, 그 문제점을 해결하는 방법을 연구하고 체계를 세우는 데 보냈다. 그렇게 조금씩 문제점이 개선되기 시작하더니 그뒤 1년은 이루 말할 수 없는 자신감이 생겨났다. 그리고 그 자신감은 우리에게 최고의 영광을 안겨주었다. 그뿐 아니라 주변에서 그리고 고객들로부터 칭찬이 자자했다. 직원들의 고객감동의 사례가 연일 들려오면서 나도 감동하기 시작했다.

"어쩌면 그렇게 친절할 수 있나요?"

"사용법을 잘 몰랐는데 어쩌면 설명도 그렇게 자상하고 알기 쉽게 해주시는지……"

"깨끗하게 청소까지 하면서 마무리를 잘 해주셨어요."

나는 이것이 당당한 서비스 리더십 그리고 감성 리더십의 승리였다고 생각한다.

이러한 조직의 변화와 혁신을 일으키는 데 있어 가장 큰 장벽은 조직 내부에 존재하는 나쁜 관행들이었다. 한 번도 안 해봤기 때문에 할 수 없다고 생각하거나 원래부터 우리는 늘 그렇게 해왔다는 것이 직원들의 지배적인 논리였다. 그리고 무엇보다도 각 개인의 수입 부족으로 신바람나게 일하고자 하는 의욕이 없었다. 이런 빈곤의 악순환에서 어떤 한 사람이 희생을 한다거나 모범을 보인다는 것은 기대하기 어려운 일이었다.

《블루오션 전략》의 저자 김위찬 교수는 그의 논문 〈Tipping Point Leadership〉(HRD, 2003)에서 이러한 변화의 장애를 네 가지로 정의했다. 인지적 장애Cognitive Hurdle, 자원의 부족Resource Hurdle, 동기부여의 부족Motivation Hurdle, 조직 내부 반대세력의 저항Political Hurdle이 바로 그 것이다. 그리고 이를 극복하기 위한 티핑 포인트 리더십을 제안했다. 이 부분은 '물결의 법칙 둘'에서 자세히 정리하도록 하겠다.

4. 나를 지배하는 셀프 MOT

> 우리가 매일 반복해서 행하는 것들을 모두 더하면 그것이 바로 우리 자신의 모습이다. 따라서 인간의 탁월함이라고 하는 것은 어느 한 순간의 행동이 아니고, 반복되는 습관으로 나타난다.　　　　　　　－ 아리스토텔레스

　성공하는 리더가 되기 위해서는 그리고 한 조직의 장이 되기 위해서는 시간과 습관을 지배할 줄 알아야 한다. 매순간 자기 자신을 관리하지 못하면 하찮은 것에 의해서 중요한 것들이 지배를 당하게 마련이다. 내가 생각하는 '나'와 타인이 생각하는 '나'는 분명 다르다. '나'를 이해해야 다른 사람을 이해할 수 있고 또 조직을 이끌 수 있다.

　리더십의 궁극적인 목표는 자기이해를 높임으로써 전체의 능력을 향상시키는 것이다. 다른 사람에 대한 관찰과 이해는 나 자신이 얼마나 완벽하게 정리되어 있는가의 문제와 관련이 있다. 내가 행하는 것들로 인한 축복과 비난의 중심축을 나에게로 맞춰놓자. 그래야 내가 모든 일에 대한 책임을 질 수 있다. 내가 책임질 수 있어야 내가 내 삶에 온전히 뛰어들 수 있고 나 아닌 다른 사람들의 참여와 희생을 이끌

어낼 수 있다. 내가 주도적이 되면 그 결과의 크기가 비록 남보다 적을 지라도 그 과정 속에서 행복할 수 있는 것이다.

그렇기 때문에 매 순간 집중하고, 최선의 선택을 할 수 있는 메커니 즘을 만들어놔야 한다. 나는 직원들이 일하는 것을 내 손바닥 보듯이 훤히 알 수 있어야 정확하게 관리할 수 있다고 생각했다. 그리고 직원 들끼리도 함께 공유할 수 있는 업무 프로세스를 만드는 것도 중요하 다고 생각했다. 그래서 다음과 같은 MOT를 고안해냈다.

MOT (Moment of Truth)

'MOT'는 스페인의 투우사가 삶과 죽음의 문턱에서 선택할 수 있 는 결정의 시간이 15초라고 한 데서 유래한 말이다. 그 짧은 순간에 가 장 정확한 결정을 내릴 수 있어야 한다.

셀프 MOT, 이것은 자기 삶을 성공적이고 주도적으로 이끌 수 있는 셀프 리더십의 기초 단위다. 내 시간의 바퀴에서 선택할 수 있는 가장 진실한 최선의 접점을 만들어서 어떤 선택을 하든지 한 치의 낭비도 없게 만들어야 한다.

《성공하는 사람들의 7가지 습관》을 쓴 스티븐 코비 박사는 자신의 일생에서 가장 소중한 것을 먼저 하는 것이 성공을 위한 습관이라고 했다. 무슨 일을 하든 항상 우선순위와 일의 균형을 생각해야 한다. 그 리고 선택한 후에는 그 일에 집중해야 한다. 나는 다음과 같은 네 가지 MOT를 지킴으로서 일의 우선순위와 균형을 유지하려 했다.

1. 매일(Daily) MOT ▶ 하루 동안 사무실에서의 나의 생활을 표준화하고 그것을 직원들과 공유하자. 그리고 직원들이 스케줄을 하루 단위로 보고할 수 있도록 시스템을 만들어 놓자. 매일 관리해야 모든 일들이 빠짐없이 돌아간다는 것을 모두에게 이해시키자. 그런 다음 스케줄에 의해서 자연스럽게 일상 업무가 진행될 수 있도록 한다. '매일 MOT' 에서 가장 중요한 것은 매일 직원들의 얼굴을 보고 웃게 만드는 것이다. '내'가 대접받고 있다는 느낌이 들어야 고객접점에서 고객을 만족시킬 수 있다.

출근 시간인 7시 40분, 회의실에서 모닝커피를 같이 마시며 현장 직원들의 무용담을 들어주고 같이 웃어주며 칭찬해준다. 현장에서 대부분의 시간을 보내면서 일하는 직원들은 회사에 대한 소속감과 연대감이 떨어지는 경우가 많기 때문에 매일 그들의 소속감과 일에 대한 자긍심을 심어주어야 한다. 그래서 매일 미팅하는 것을 원칙으로 한다.

2. 주(Week) MOT ▶ 매주 월요일 전체 미팅에서는 주간 업무계획 및 평가항목을 점검하고 기술 교육, 복장 교육을 한다. 그리고 현장에서 조별 식사하기, 요일 별 테마 메일 확인하기, 본사 업무보고, 창고 방문, 재고 관리 등 그 주의 업무 스케줄을 공유한다. 짜임새 있게 성공하는 리더들을 보면 주Week 단위의 관리가 가장 철저하다는 것을 알 수 있다. 중복되지 않고 바쁘지도 않으면서 빠짐없이 자신을 관리할 수 있는 가장 효율적인 시간 단위가 바로 주간 관리이기 때문이다.

3. 월(Month) MOT▶ 현장의 일은 모두 월 단위로 반복된다. 월 단위의 업무평가로 목표를 관리해야 한다. 성과에 대한 피드백, 시상, 교육, 회식 등이 매월 이루어져야 한다. 그리고 새로운 한 달을 계획해야 한다. 현장은 월 단위의 인생이다. 한 달을 잘 치러내기 위해서 모두가 전쟁을 하는 것이다.

4. 연(Year) MOT▶ 모든 직원들이 자신의 삶의 가치를 통해 자신의 인생목표를 관리하게 해야 한다. "우리는 하루살이 인생들이에요." 하면서 겸연쩍어하던 직원들과 함께 "자신의 삶을 어떻게 가꾸며 살고 싶은가?" "나는 어떤 모습으로 나에게 주어진 이 소중한 삶을 살고 싶은가?" "내가 하고 싶은 것, 내가 살고 싶은 것 그리고 나의 삶의 방향과 목표는 무엇인가"에 대한 계획을 세운 적이 있다. 이 일은 참 의미 있는 일이었다. 물론 작심삼일 되어서 반짝 끝나는 경우도 있었지만, 이러한 계획이 해를 거듭할수록 자신의 삶을 살찌운다는 생각을 심어주는 것만으로도 자신의 직업을 소중하게 생각하게 하는 좋은 계기가 된다.

KEY Question

1. 자신이 정말로 하고 싶은 일은 무엇인가?

2. 미래를 위해 지금 꼭 해야 할 일은 무엇인가?

3. 지식과 정서가 균형 잡혀 있는가?

4. 최근 2~3년 동안 성장했는가?

5. 현재 하고 있는 일에서 느끼는 가장 어려운 점은 무엇인가?

6. 지금 이 순간 자신을 가장 행복하게 하는 것은 무엇인가?

7. 자신의 꿈을 위해 버려야 할 것과 가져야 할 것은 무엇인가?

8. 사회생활에서 부족하다고 느끼는 것은 무엇인가?

9. 취득하고자 하는 자격증은 어떤 분야인가?

10. 계획을 추진할 때 어려운 점은 무엇인가?

통제의 원 (임파워링 리더십)

지점장으로서 내가 발휘한 리더십은 서비스 리더십, 감성 리더십 그리고 임파워링 리더십이다. 나는 이러한 리더십을 통해 조직 전체의 그림을 보고 문제의 맥을 잡아갈 수 있었다.

조직의 가장 핵심적인 키워드는 바로 사람이다. 아집과 그릇된 권력욕을 가진 리더는 절대로 사람이 보이지 않는다. 사람들이 모여 있는 어떤 조직이든 그 속에는 나름대로 크고 작은 문제들이 실타래처럼 얽혀 있는데 그 실타래를 일목요연하게 정리하기 위해서는 전체를 보는 눈과 사람 중심의 마인드를 갖추고 있어야 한다.

성공하는 조직은 모든 사람들이 자기 일에 가치를 느끼고 있다는 공통점이 있다. 그것이 바로 임파워먼트empowerment다. 임파워먼트는 단순한 동기부여가 아니다. 심리학자들은 임파워먼트를 성과, 즉 'Performance = Ability × Motivation'으로 의욕과 능력의 함수라고 설명한다. 다시 말해 직원들에게 소속감과 연대감을 주어 자신이 일

열정은 마음의 산물입니다.
열정은 멋진 꿈을 가진 사람을 도와주는 힘입니다.
열정은 확신을 낳고 평범한 사람을 뛰어난 사람으로 만들어줍니다.
당신에게 열정이 있으면 다른 사람들도 그 열정에 감화되어
당신의 꿈을 실현하는 일에 도움을 줍니다.
열정만 있으면 이 세상에서 극복하지 못할 어려움이 없습니다.
그 누구도 당신의 행동을 멈추지 못합니다.

—《폰더 씨의 위대한 하루》중에서

하는 곳이 바로 '내 일터'라고 느끼게 해야 한다. 그리고 과감하게 권리와 권한을 위임하여 직원 스스로가 그 일의 주체라는 것을 인지시키고, 구성원 각각의 책임 범위를 확대해야 한다.

임파워먼트된 사람은 자신감이 있으며 자신의 일을 성공적으로 추진하고자 하는 의욕이 있다. 또 그 성공에 일정부분 자신의 역할이 있었다는 자부심과 성취감이 자신을 행복하게 만든다. 그리고 모든 직원들이 임파워먼트될 때 조직은 비로소 목표에 도달할 수 있다. 그 길을 찾는 과정에서 조직구성원들의 절대적인 신뢰를 받을 수 있다면 리더의 역량은 더욱 돋보일 것이다. 여기에서는 내가 경험했던 임파워링 리더십을 소개하고자 한다.

1. 탁월함에 대한 도전, 리더에 대한 새로운 패러다임

우리들의 리더는 누구인가? 헤르만 헤세의 《동방으로의 여행》이라는 소설에는 다음과 같은 이야기가 있다. 일단의 귀족들이 여행을 떠나게 되었는데 레오라는 하인이 이들과 동행하게 되었다. 레오는 당연히 귀족들의 여행에서 허드렛일을 하게 되었고 귀족들은 자신들의 즐거운 여행을 위해 레오에게 모든 것을 명령하고 지시하면서 그들의 시간을 보냈다. 그런데 귀족들은 레오가 여행을 위해 모든 것을 준비하고 제공했음에도 불구하고 불평하기 시작했다. 그러던 어느 날 레오는 사라져 버렸다. 그러자 귀족들은 무엇을 먹어야 할지, 무엇을 봐야 할지 모른 채 우왕좌왕했고 여행은 도중에 엉망이 돼 버렸다.

그 여행에서 리더는 누구였는가? 귀족의 권위를 가진 사람이 리더인가? 그렇지 않으면 어떤 일에 대한 가장 현명한 문제해결 능력을 가진 인물이 리더인가? 시대는 비록 다르지만 이 일화는 많은 것들을 생각하게 한다. 어떤 상황이 닥치더라도 스스로 문제 해결의 주체가 되어야한다는 의식을 가져야 하는 것이다. 고객접점에서 일하는 직원들은 이러한 의식이 부족했다.

그래서 나는 직원들의 생각의 패러다임을 바꾸어가기 시작했다. 물론 처음에는 직원들의 반발도 있었다. 하지만 최고의 자부심을 심어주고 넉넉한 인센티브를 제공하자 그런 마음이 조금씩 사라졌다.

'치솟는 주가가 모든 상처를 치유한다'고 말했던 인텔의 앤드류 그로브의 목표관리Intel Management By Objectives처럼 철저한 목표와 성과관리를 통해 직원들의 주머니를 두둑하게 채워줬던 것이다.

그러던 어느 날, 창고 앞 넓은 마당에 직원들의 업무 차량을 일렬로 정비시켰다. 마을 사람들은 마치 큰 구경이 생긴 것처럼 모여들었다.

당시 우리 지점은 고객만족도와 근무평가가 전국 최하위였다. 고객 서비스를 하는 회사였기 때문에 당연히 해피콜에 의한 고객만족도 점수가 평가에 큰 비중을 차지하고 있었는데, 문제는 직원들이 이것을 모르고 있었다는 것이다. 무엇을 잘못하고 있는지 모르는 상태에서 매월 평가에서 꼴찌를 하니까 아무리 해도 안 된다는 패배주의와 그냥 적당히 잘 넘기기만하면 된다는 무사안일주의에 빠져버린 것이다.

우선 가장 큰 문제는 서비스의 재발생율이 높고 용모와 복장이 깨끗하지 못하다는 것이었다. 그 문제를 개선하기 위해서는 업무 프로세스의 재점검이 필요했다. 직원들은 재발생율이 높은 가장 큰 이유가 본사로부터 AS부품이 재때 공급되지 않기 때문이라고 했다. 또 바코드에도 찍히지 않는 조그만 부품이 부족하다는 것은 회사 책임이기 때문에 자신들은 책임이 없다고 생각하고 있었다. 그래서 나는 그들이 업무용으로 운행하고 있는 차량을 점검해보기로 한 것이다.

그 동안의 관행에 의하면 업무 차량은 회사에서 지급한 것이 아니기 때문에 마음대로 검사할 수 없었다. 하지만 회사의 업무를 대행하는 차기 때문에 깨끗하게 유지시킬 의무는 있었다. 그래서 나는 직원들 스스로 검사해보라고 말했다. 그리고 각 팀별로 자신들이 일하기에 가장 바람직한 Best Practice를 검사항목으로 정하고 채점기준도 만들게 했다. 그래서 좋은 점수를 받은 팀은 상금을 주고 제일 낮은 점수를 받은 팀은 남아서 재점검 교육을 받기로 했다.

나의 우려와 예감이 맞았다. 80여 대의 차량에서 20박스가 넘는 쓰레기가 나온 것이다. 그토록 찾았던 부품들은 녹이 쓸어서 쓰레기가 되어 있었다. 우리가 너무 익숙하고 당연하게 생각해왔던 업무의 관례나 프로세스를 한번 뒤집어놓고 생각해 볼 필요가 있다. 정말 생각지도 못했던 불필요한 관행들 때문에 업무의 생산성과 효율성이 떨어지고 있을뿐 아니라 엄청난 비용의 손실이 있다는 것을 알게 될 것이다. 이런 관리 사각지대에 방치된 문제들을 전부 수면 위로 투명하게 떠올리는 것이 나의 주된 일이었다.

현장 직원 중에는 목소리가 큰 사람이 있었는데 그 목소리의 영향력은 정말 대단했다. 전달사항을 위해 전체 미팅을 하거나 교육을 할 때는 항상 전체의 대변인이 되어 분위기를 좌지우지하곤 했다.

"왜 우리가 그것까지 해야 합니까?"

"그것은 우리가 할 일이 아닙니다."

"회사에서 이렇게 해주십시오."

"그런 요구는 부당합니다."

나는 그 직원의 목소리를 회사나 내가 아닌 동료들에게 향하게 할 수 있다면 큰 효과가 있겠다는 생각이 들었다. 덩치가 작은 선수가 자기보다 덩치가 큰 선수를 이길 때는 상대방의 더 큰 힘을 이용한다고 하지 않던가. 그래서 팀장과 함께 그 직원을 조용히 불렀다. 그리고 내 업무를 도와줄 수 있겠냐고 했더니 의외로 너무 좋아하는 것이 아닌가.

그동안 그는 항상 문제 직원으로 찍혀 있었다고 한다. 그래서 자신의 불안감을 감추기 위해 공격성을 띤 강한 응대를 하고 있었던 것이다.

그 다음날부터 그는 직원들의 출퇴근부터 챙기는 군기반장 역할을 톡톡히 해냈다. 그리고 이번 차량 점검 행사를 일사분란하게 진행하기까지 했다.

이번 행사를 통해서 앞에서 설명했던 김위찬 교수의 '변화의 4가지 장애'인 인지적 장애, 자원의 부족, 동기부여의 부족, 조직 내부 반대 세력의 저항을 다음과 같이 극복할 수 있었다. 임파워링 리더십의 성공적인 실천이었다.

1. 참여하지 않으면 희생하지 않는다
　- 위임하고 또 위임하라

직원들 스스로 행위의 주체가 되게 하라. 지시나 명령을 따르는 것이 아닌 직원들 스스로 주체적으로 일하게 하면 주인의식을 갖게 된다. 특히 현장에서 근무하는 직원들은 주변 사람들의 관심을 받으면 더 열심히 일한다.

나는 팀장에게 많은 권한을 주면서 차량정검 행사를 주도하게 했다. 그렇게 했더니 직원들은 같은 옷을 입은 동료로서 팀장을 잘 따르고 적극적으로 참여하게 되었다.

2. 업무의 표준화와 프로세스를 통일하다

-위임한 것을 끝까지 확인하라

일의 프로세스가 표준화되어 있어야 모두 같은 수준의 성과를 기대할 수 있고 일이 잘 진행되고 있는지 확인하고 관리할 수 있다. 또 이 과정에서 개선점을 찾아낼 수도 있다. 매일 반복되는 일을 하다보면 다음에 해야지 하고 미루게 되는 일이 생기는데 그러다보면 결국은 안 하게 되는 경우가 많다.

또 단체 생활을 할 때는 남들이 안 하는 일을 하고 있다는 생각이 들면 잘 하려고 들지 않는다. 그렇기 때문에 차량 점검과 같은 정기적인 행사를 통해 그동안 하지 못했던 일들을 다 같이 할 수 있는 기회를 만들어 주는 것이 좋다. 그렇게 되면 한 달의 마감과 동시에 다음 한 달을 새로운 마음으로 맞이할 수 있다.

3. 업무의 생산성과 효율성을 높이다

-견제와 균형을 통한 생산성과 효율성의 극대화

일의 프로세스를 효율적으로 정비했기 때문에 고객 한 명당 서비스 처리속도가 빨라졌고 하루 동안의 처리 건수 역시 많아졌다. 그리고 이는 직원들의 수입과 연결되어 업무에 대한 만족도가 높아지기 시작했다. 또 일의 배분 역시 균등하고 투명하게 처리할 수 있었다. 결과적으로 일에 대한 직원들의 불평이 줄어들었고 고객들에 대한 말투라든지 표정이 부드러워졌다.

4. 선의의 경쟁을 통해 학습 분위기를 형성하다

조직 내 선의의 경쟁에 의한 점수관리와 데이터 분석을 통해 직원들은 자신이 하는 일의 결과를 알 수 있었고 결과에 따라 자신이 부족한 부분을 개선할 수 있었다. 자신의 부족한 부분을 개선하면서 동료들을 배려하는 여유까지 생기게 되었다. 그리고 지역 조장과 팀장을 중심으로 경쟁하고, 서로 도와주고, 가르쳐주는 학습의 분위기가 나타나기 시작했다.

이제 기업은 고객만족을 통한 성과 창출과 경쟁력 확보에 가장 큰 관심을 가지고 있다. 여러분들은 '고객만족'을 어떻게 정의하고 싶은가? 요즘은 고객에게 가치를 부여하는 '고객가치 경영'이 화두다. 물론 그 이면에는 기업의 사활이 걸린 경쟁력의 문제가 있다. 고객만족을 위해서는 고객접점에서 경쟁력을 갖추어야 한다. 그런데 현장에서는 '고객가치'라는 말이 마치 이브닝드레스처럼 우아하게만 들린다. 너무 좋은 말이긴 하지만 행동과 실행력이 약하다는 말이다. 고객은 우아한 이브닝드레스보다 짧고 아슬아슬한 미니스커트를 더 오래 기억한다. 그렇다면 고객접점에서 경쟁력을 갖을 수 있는 실제적인 Hot Potato, '뜨거운 감자'는 무엇일까?

고객에 대한 서비스를 통해 생산성과 효율성을 극대화하는 현장조직에서는 사기 앙양과 대대적인 권한 위임을 통해 직원들이 모든 행위의 주체가 되게 해야 한다. 그래야 적극적이고 희생적으로 자신의 일을 감당할 수 있다. 나는 두 번째 물결의 법칙인 임파워링 리더십을 통해 이러한 문제들을 극복할 수 있었다. 이 '뜨거운 감자'를 5가지로 요약하면 다음과 같다.

1. **하는 일을 수치화 하라** 서비스에도 품질이라는 것이 있다. 수치로 측정할 수 있어야 비교·관리할 수 있고 비교·관리할 수 있어야 개선할 수 있다.

2. **과감하게 프로세스를 개선하라** 불필요한 관습이나 업무관행 때문에 생산성과 효율성이 떨어지는 경우가 많다. 오늘날 고객접점에서 경쟁력을 갖는다는 것은 바로 생산성과 효율성을 얼마나 개선하느냐의 문제이다.

3. **냉정하게 장점과 단점을 파악하라** 열심히 하는 것과 잘해서 성과를 내는 것은 다른 문제다. 장점은 살리고 단점을 보완하는 선택과 집중의 노하우를 잘 살릴 수 있는 리더가 성공하는 리더다.

4. **자신감을 가져라** 아무리 경쟁이 치열한 조직문화라 해도 자신의 일에 자신감을 가질 수 있어야 다른 사람에 대한 여유와 배려가 생긴다. 그리고 여유와 배려하는 마음이 있어야 팀워크가 살아나고 조직의 시너지가 창출된다.

5. **목표에 도전하라** 거창한 것이 아니라 자신이 하고 있는 작은 일에서부터 목표를 정하고 도전해야 한다. 작은 것에서부터 성취감을 맛볼 수 있어야만 더 큰 목표에도 과감하게 도전할 수 있다.

2. 일과 사람을 모으는 리더

아이들에게 사랑받는 사람이라면 누구에게나 사랑받게 마련이다. 어떤 꼬마아이가 내게 장난감 총을 쏜다면 나는 어떻게 해야 할까? "멋진 총을 가졌구나!" 하고 머리를 쓰다듬어줘야 하나? 그런데 아이들은 결코 그런 사람을 좋아하지 않는다. "으악!" 하며 쓰러지는 사람을 더 좋아한다. 그들과 같은 표정, 감성, 언어 그리고 동작으로 말할 수 있어야 동질감과 유대감을 형성할 수 있다.

직원들과 함께 많은 행사를 하면서 내 영향력은 극대화되고 있었다. 이런 분위기들이 조직의 시너지를 창출했고, 티핑 포인트에 이르는 순간 최고의 성과를 내며 발화하기 시작했다.

공동책임은 무책임이라는 말이 있다. 조직 내에서는 열심히 하는 척하지만 무엇을 잘못하고 있는지 또 무엇을 개선하고 바꾸어야 하는지에 대한 문제의식을 전혀 느끼지 못하는 사람들이 있다. 그래서 나는 개인적으로는 인간적이고 부드러운 모습을 보였지만 일적인 면에서는 엄격하고 냉철하게 평가하고 피드백을 했다.

매달 첫 주는 지난달에 대한 평가와 반성 그리고 새로운 달에 대한 각오와 목표를 다지기 위해 전체 미팅을 했고, 한 달에 한 번 정도는 회식을 했다. 그런데 회식 자리에도 변화가 필요했다. 회식 자체의 의미를 살리지 못하고 비용만 많이 지출한 채 끝나는 경우가 많았기 때문이다. 또 회식이 끝난 후 몇몇이 모여 자리를 옮기면 조직과 상사 그리고 동료에 대한 불평과 비난을 안주 삼아 스트레스를 풀기 마련이다. 어느 날 전체 회식을 마칠 무렵 모범적이면서도 좀 도도해 보였던 한 남자 직원이 내게 오더니 2차는 룸싸롱으로 모시고 싶다고 말했다. 난 속으로 '이렇게 많은 식구들을? 엄청난 비용이 나올 텐데'라고 생각했다. 더구나 룸싸롱은 여성인 나에게 그렇게 익숙한 자리가 아니었다. '평소에 동료들에게 밥 한 번 안 사는 사람이 이렇게 호기를 부릴 수 있는가? 이 직원은 지금 나에게 허세를 부리고 있다'는 느낌이 들기도 했다. 어쩌면 룸싸롱에서 서비스를 하는 여성들과 나를 같은 격으로 놓고 싶었던 것도 같다. 나는 이 제안을 듣고 순간 많은 고민을 했다. 그리고 이렇게 말했다. "평소에 일도 열심히 하더니 역시 통도 크네요. 오늘은 회식이니까 마음껏 드시고 즐기세요. 그리고 우리 직원이 모처럼 한턱 쏜다고 하니까 여기 있는 사람들은 한 사람도 빠짐없이 모두 다 참석하세요. 대신 저는 자리 분위기를 생각해서 빠지겠습니다. 그리고 내일 아침 미팅에 늦지 마세요!"

나중에 들은 얘기지만 분위기를 감지한 직원들이 하나 둘씩 흩어졌다고 한다. 그날 이후 저녁 회식은 더 이상 하지 않았다. 대신 모든 직원이 함께하는 조찬미팅을 만들었다.

현장직원들의 아침 출근시간은 7시 40분이다. 때문에 대부분 아침 식사를 거르는 경우가 많았다. 그래서 나는 큰 식당을 빌려서 뜨끈뜨끈한 해장국으로 함께 식사를 하고 한 달 동안 수고했다는 격려와 함께 이번 달에도 열심히 하자고 용기를 북돋아주었다. 조찬미팅은 그 야말로 감동 그 자체였다. 직원들은 뜨끈뜨끈한 해장국물을 마시면서 나의 마음을 순수하고 따뜻하게 받아주었다. 저녁 회식에 비해 비용도 절약되었을 뿐 아니라 여직원들을 포함한 전 직원이 이른 아침을 함께 한다는 것 자체가 술과 고기와 노래방으로 일관되는 저녁회식에 비유할 수 없는 색다른 연대감을 갖게 했다. 그리고 이러한 연대감으로 인해 작게는 지역조장의 리더십이 살아났고 크게는 팀장을 중심으로 하는 팀장 리더십이 살아나기 시작했다.

사실 현장에서 일하는 직원들은 회사나 상급자로부터 많은 것을 기대하지 않는다. 자신이 한 일의 결과를 인정해주고 자신들의 입장을 이해해주기를 원한다. 그리고 그러한 배려가 느껴지면 그들은 최선을 다해 자신의 일을 감당한다.

시간이 흐를수록 패배주의와 매너리즘에 빠져 있던 조직의 분위기가 서서히 긍정적으로 바뀌었다. 아주 사소한 것에서부터 자신감을 회복하더니 마침내 직원들은 최고라는 프라이드를 갖기 시작했다. 물결의 파장이 힘차게 출렁이기 시작하면서 새로운 물결을 만들어낸 것이다. 그리고 그 영향력은 계속 퍼져나갔다. 그들에게서 조직에 대한 애착과 사랑이 강하게 묻어났다. 그 다음부터 나는 차츰 그들의 상사로서 자리할 수 있게 되었다.

3. 임파워링 리더의 특징

모든 팀원에게 잠재력이 있음을 믿어라. 팀의 성공이 자신의 성공이라고 믿고 열심히 하는 사람을 인정하고 칭찬하라. 그러면 팀원들은 자신의 숨은 잠재력을 발휘하기 시작할 것이다. 유능한 리더는 팀원의 잠재력을 효과적으로 끌어낼 줄 아는 사람이다.   − 존 우드 UCLA 농구감독

과거에는 제조업의 관점에서 통제 위주의 일관된 리더십이 필요했지만 오늘날은 대부분의 산업이 서비스를 통해 높은 부가가치를 생산하기 때문에 서비스 특성에 맞는 새로운 리더십이 필요하다. 1980년대 이전의 필수 능력이 관리management 능력이었다면 1990년대 이후에 요구되는 능력은 바로 리더십Leadership이다. 관리management는 Do thing right, 곧 주어진 일을 올바로 하는 것으로 How to(어떻게 할 것인가)의 문제이고, 리더십은 Do right thing, 곧 올바른 일을 찾아서 하는 것으로 where to(어디로 갈 것인가)의 문제다.

미국 펜실베니아 대학의 교수이면서 리더십 분야의 권위자인 로버트 하우스Robert House박사는 《포춘》지가 선정한 미국 500대 기업 경영자(리더)를 대상으로 다음의 다섯 가지 리더십을 측정했다.

1. 비전은 있는가?
2. 자신과 타인에게 신뢰를 주는가?
3. 의사소통을 통해 구성원의 기대를 모으는 리더인가?
4. 기업의 가치관을 솔선수범해서 지키는 리더인가?
5. 결단성과 용기를 보이는 리더인가?

내가 봤을 때 나는 'How to'를 고민할 필요는 없었다. 기술적이거나 직원들의 관리에 관한 문제는 그들 스스로 할 수 있도록 과감하게 위임했기 때문이다. 그러나 'Where to'에 대해서는 고민할 필요가 있었다. 그래서 작은 것은 다른 사람에게 맡기고 전략적인 방향만을 설정했던 한국계 일본인 사업가 손정의孫正義의 경영방식을 벤치마킹해 철저한 윈윈win-win전략을 세웠다. 그리고 적극적인 상생의 원리에 바탕을 두고 나의 리더십의 영향력을 극대화하기 위해 노력했다.

개방성과 유연함으로 튀지 않는 리더십을 발휘한 이베이의 맥 휘트면Meg Whitman은 인터뷰에서 "나는 다스리지 않는 경영자고, 경영하지 않는 경영자다"라고 밝힌 바 있다.

손정의와 맥 휘트먼 같은 임파워링 리더십을 발휘해 성공한 리더들의 특징과 나의 사례를 비교해 다음과 같이 5가지로 정리해봤다.

1. 성공한 리더들은 모든 사고와 행동이 서비스 지향적이다

상대방의 입장에서 도움을 줄 수 있어야만 진정한 영향력을 발휘할 수 있다. 나는 아침에 커피를 두 잔을 타서 한 잔은 다른 직원에게 준다. 자신이 지점장에게 대접받는다는 느낌이 들면 직원들도 고객들을 대접할 수 있기 때문이다.

2. 성공한 리더들은 언제나 주도적이고 긍정적인 에너지를 발산한다

성공한 리더들은 "○○ 때문에 힘들 것 같다"가 아니라 "뭔가 방법이 있을 것이다. 방법을 찾아보자"고 말한다. 또 "누구 때문에 안 됐다"가 아니라 "내가 선택한 것이기 때문에 내가 책임을 진다"는 생각을 가지고 있다.

3. 성공한 리더들은 인생을 모험으로 생각하고 도전한다

이들은 부딪혀 경험해보려고 하는 진지한 자세를 가지고 있다. 나는 '아무리 해도 안 된다'라고 생각하는 직원들의 패배의식을 '한번 해보자'는 긍정적인 사고로 전환시키는 데 상당한 모험을 걸어야 했다. 여러 번 실패하기도 했고 시행착오도 겪었지만 직원들 모두가 함께했기 때문에 또다시 다른 방법으로 시도해보자는 의욕이 생겨났다.

4. 성공한 리더들은 시너지를 활용할 줄 아는 사람이다

성공한 리더들 주변에는 그들을 도와주는 많은 사람들이 있다. 이들은 자신을 도와주는 사람들을 항상 칭찬하고 격려하면서 그들의 장점을 찾아 그 장점을 활용할 수 있는 역할을 부여한다.

나는 팀장을 중심으로 직원들 각자가 자신 있어하는 상품의 교육강사를 하도록 했다. 그래서 그 분야에서 주인공이 되게 했다.

5. 성공한 리더들은 무엇보다도 자기 쇄신을 위해 노력하는 사람이다

성공한 리더들은 항상 공부하며 다른 사람의 경험과 지혜를 자신의 것으로 만들기 위해서 노력한다. 나 역시 직원들과 함께 상품과 기계에 대한 공부를 하기 시작했다. 사실 직원들에게 배운다는 것이 더 정확한 말일 것이다. 나는 이러한 현장 경험을 바탕으로 교육전문성을 높이는 데 도움을 주었던 석사 논문을 쓸 수 있었다.

여러분들은 어떤 유형의 리더인가? 오늘날은 과거의 통제와 관리 방식의 리더십이 아닌 일과 인생과 자유를 동시에 즐길 줄 아는 유연한 리더십을 필요로 한다. 마치 경기장에서 분위기를 이끌어가는 치어리더처럼 말이다. 이제 리더십은 우리가 살아가는 사회에서 가장 기본적인 삶의 필수요소이고 살아가는 또 하나의 방식이다. 실제로 리더십이 다루는 영역은 상당히 다양하다. 그 속에는 윤리학, 처세술, 문학, 예술, 경영, 철학 등이 모두 들어 있다. 때문에 리더십은 우리 삶에 가장 기본이 되는 대중적인 학문이라고 할 수 있다.

그런데 이처럼 모든 삶을 아우르는 진정한 리더가 되기 위해서는 자기 자신부터 변화할 줄 알아야 한다. 그리고 자기 관리법부터 사람들의 심리를 움직이는 요령, 마음을 읽어내는 방법 등 개인과 조직을 움직이는 원리를 모두 공부해야 한다.

어느 조직이든 리더가 중요하다. 어떠한 리더냐에 따라 그 조직의 성과가 달라지기 때문이다. 또 훌륭한 리더를 통해서 조직원들은 개인의 가치관을 정립할 수도 있다. 앞에서 설명한 임파워링 리더가 되기 위해 갖추어야 할 조건을 다음과 같이 '다섯 가지 S라인'으로 정립해 봤다.

1. Skill▶ 자신의 업무에서 보여줄 수 있는 고도의 전문성이 있어야 한다. 자신의 분야에서 전문성을 담보할 수 없다면 사람들의 관심을 끌기 어려울 것이다. 자신의 분야에서는 완벽한 자기경쟁력을 갖춘 전

문가가 되어야 하며 여러 사람들과 원만한 대인관계를 통해 리더십을 발휘할 수 있어야 한다.

2. Strength▶ 강인함이다. 육체적 강인함은 물론이고 어떠한 어려움도 이겨낼 수 있는 정신적 강인함을 지녀야 하다. 역경과 좌절을 딛고 일어서서 목표를 달성해내는 리더에게 많은 사람들은 고개를 숙인다.

3. Sensitmity▶ 감수성은 주위의 상황이나 다른 사람의 심리를 파악하는 능력이다. 조직 구성원들의 상황이나 마음을 이해하고 그것에 함께 동화될 수 있어야만 동질감과 연대감을 형성할 수 있다. 감성에 무디고 권위의식으로 가득찬 리더는 구성원들의 진정한 이해와 참여를 이끌어내지 못한다.

4. Smile▶ 미소를 지을 수 있는 리더는 그만큼 여유와 배려하는 마음이 있다는 것이다. 미소는 사람의 마음을 편안하게 하며 조직 구성원들이 평정심을 가지고 자신의 업무에 최선을 다하게끔 만든다. 그러한 여유를 가질 수 있다면 구성원들을 완벽하게 장악할 수 있다.

5. Sacrifice▶ 자기희생은 다른 사람에게 자신의 몸을 내던진다는 의미가 아니다. 구성원들은 자기가 스스로 의사결정에 참여하고 있다는 느낌을 받아야 헌신적으로 일한다. 먼저 자신의 발판을 확실하게 구축한 다음 구성원들에게 물질적, 심리적으로 지원해야 한다.

KEY Question

1. 인생 목표(Mission & Vision)를 가지고 있는가?

2. 다른 사람으로부터 신뢰받을 수 있을 만큼 자신의 삶에 강한 자신감을 가지고 있는가?

3. 내 삶의 시간과 습관을 지배하는 구체적인 셀프 MOT를 가지고 있는가?

4. 조직에서 함께 가고자 하는 목표와 방향을 다른 사람들과 공유하고 있는가?

5. 목표를 공유하고 난 후 권한을 부하나 동료에게 위임할 수 있는가?

6. 우리가 도달하고자 하는 목표를 수치로 표현할 수 있는가?

7. 목표에 도달하기 위한 프로세스를 표준화하고 점검할 수 있는 시스템을 갖추고 있는가?

8. 나와 다른 의견을 가지고 있는 사람과 충분한 의사소통을 통해서 자신의 의견을 이해시키고 있는가?

9. 주변사람들의 장점을 칭찬하고 격려하고 있는가?

10. 선의의 경쟁을 할 수 있도록 주변사람들을 배려하고 있는가?

11. 문제 해결의 방법을 연구하고 문제의 핵심을 찾는 데 모두가 동참하고 있는가?

12. 실패를 넘어서 새로운 목표에 도전하고 있는가?

상상의 원
(감성 리더십, 여성 리더십)

기술이 발전할수록 단순한 육체노동은 기계가 대체할 것이다. 하지만 창의력과 상상력만은 인간 고유의 영역으로 그 어떤 기계도 대체하지 못할 것이다. 리더는 미래에 대한 호기심을 가지고 미지의 영역에 대해 끊임없이 도전하고 새로운 가치를 창조해내는 사람이다. 그렇기 때문에 내가 지금 모르고 있는 것, 한 번도 본적이 없는 것, 생각해보지 못한 것들을 상상해야 하고 호기심을 가지고 개척할 수 있어야 한다.

두 번째 물결의 법칙인 '통제의 원'에서는 "주어진 환경에서 최선을 다하면 된다. 그리고 최선을 다할 수 있도록 계획하고 통제하고 결행하게 하는 것이 임파워링 리더십의 영역"이라고 했다. 하지만 경쟁이 치열한 시장에서는 아무리 최선을 다한다 해도 주어지는 파이가 이미 정해져 있기 때문에 미지의 새로운 시장을 만들어내야 한다. 이것 역시 리더의 역할이다.

예술이란 얼마나 풍요로운 것인가.
본 것을 기억할 수 있는 사람은 결코 허무하지도
생각에 목마르지도 않을 것이며
고독하지도 않을 것이다.

—1878.11.15. 반고흐의 동생 테오로부터 온 편지

미래에 대한 호기심과 상상력 그리고 끝없는 도전과 창조는 사람에 대한 깊은 이해를 바탕으로 이루어져야 한다. 곧 휴먼 리더십, 감성 리더십이 필요한 세상이 된 것이다. 그런데 자유롭고 새로운 관계의 추구, 상하좌우와 소통하는 커뮤니게이션 능력, 경쟁이 아닌 조화와 상생을 이루는 리더십, 배려하고 존중하는 문화를 만들어내는 능력에 있어서 여성이 남성보다 강한 면이 있다.

그동안 일과 권력의 아웃사이더에서만 맴돌았던 여성 인재들이 새롭게 부각되기 시작한 것이다. 폐쇄적인 '통제의 원'을 뛰어넘어 이제는 상상의 날개를 자유롭게 펼칠 수 있는 능력 있는 이들이 인정받는 세상이 되었다.

1. 유리 천정을 극복하는 창의적 여성 리더십

　현장에서의 생활은 리더의 영향력과 조직의 생산력을 극대화하는 임파워링 리더십의 승리를 만끽하게 했다. 비록 직원이 100명뿐이었지만 1000명, 1만 명이 된다 해도 잘 할 수 있다는 자신감이 생겼다. 인원이 많다는 것은 단지 방법론상의 문제일 뿐이다. 방법에 맞는 시스템을 구축하기만 하면 되는 것이다.

　또 일을 하면서 일의 흐름을 잡는 것이 중요하다는 생각이 들었다. 그리고 이러한 일의 흐름을 잡는다면 그 파장이 더 큰 물결을 일으킬 수 있을 것 같았다. 그런데 언제부터인지 나도 모르게 자꾸만 헛바퀴를 돌고 있다는 느낌이 들었다. 멀리 퍼져나가야 할 변화의 물결이 거꾸로 나에게 다시 돌아오고 있었다. 그 다음의 파고를 일으키지 못하고 현란한 물거품만 남긴 채 그 자리에서 사라져 버리는 것이었다. 그렇게 열심히 그리고 역동적으로 조직을 이끌었지만 내 리더십은 핵심이 되지 못했다. 눈에는 보이는데 다가갈 수 없는 유리 천정Glass Ceiling (미국에서 1970년대부터 통용된 말. 여성의 직장 내 승진을 가로막는 보이지 않는 장벽) 이 있었던 것이다.

　'이게 바로 유리 천정이구나'란 생각이 들면서 나는 다른 계열사로 자리를 옮겨야 했다. 그러나 더 이상 조직에서 이러한 도전을 계속할 수 없을 것만 같았다. 회사를 너무 오래 다니고 있다는 생각 그리고 오랜 조직생활에 대한 염증을 느끼며 좀더 자유롭고 창의적인 나의 길을 찾고 싶었다.

기업들은 '미래는 여성의 시대이기 때문에 여성 리더십의 새로운 역할 모델을 찾아야 한다'고 말하지만 실제 기업 현장에서는 이루어지기 어려운 외침이다. 나는 이러한 모순을 조화와 상생의 마인드로 극복할 수 있는 여성 인재의 새로운 모델을 《블루스타킹》이라는 책을 쓰면서 찾을 수 있었다. 기존의 지식정보화시대의 공주였던 '핑크칼라'의 한계점을 극복하면서 적극적이고 활동적이며 현장의 다양한 솔루션을 제시할 줄 아는 리더가 '블루스타킹'이 아닐까 하는 생각이 들었던 것이다.

또 창의적 여성 리더십의 산실인 숙명여대 문화관광과에 출강하면서 또다시 희망을 꿈꾸게 되었다. 대한민국 리더의 10퍼센트를 키우는 것을 목표로 삼고 있는 숙명여대는 물결처럼 강하고 유연한 'S리더십'을 세계적인 글로벌 리더십 브랜드로 발전시키고 있었다.

숙명여대는 창조적 지식의 Sprit, 미래형 Skill, 봉사적 성품의 Service, 건강한 심신의 Strength 등 4가지 능력과 조건을 리더의 자질로 제시하며 그러한 능력과 품성을 가진 인재를 육성하고 있었다. 이러한 숙명여대의 S리더십은 미래의 여성 리더십으로 내가 제시한 '블루스타킹'과 너무 닮아 있었다.

여성 리더십이라는 주제로 어느 기업에서 강의를 한 적이 있다. 그런데 어느 날은 분위기가 심상치 않았다. 강의를 듣던 몇몇 여직원들이 불만을 토로했기 때문이다. 왜 우리 여직원들만 모아놓고 교육을 하느냐며 이렇게 여자들만 모아서 교육하는 것 자체가 바로 여성차별이라는 것이었다. 그러나 이러한 항의는 아무리 외쳐봤자 약자들의 합창에 지나지 않는다.

"프로는 남녀를 차별하지 않는다"는 어느 카피처럼 이것은 남녀 차별의 문제가 아니라 차별을 느끼지 못할 정도로 뛰어난 자기 경쟁력을 갖추었는가의 문제다. 이제는 자신의 경쟁력만 정확하게 가지고 있으면 자신의 역량을 마음껏 펼쳐볼 수 있는 그런 세상이다. 나는 강의를 듣는 여직원들에게 이 이야기를 해주고 싶었다.

오늘날 요구되는 리더십은 결국 자신이 주도적으로 이 세상의 주인공이 되는 셀프 리더십이다. '핵심의 원'에서 무엇보다 하나의 힘 있는 물방울이 돼야 한다고 말했다. 스스로 힘 있는 물방울이 돼야 영향력 있는 물결을 일으킬 수 있기 때문이다.

2. 앞으로의 경쟁력은 여성이다

> "21세기의 경제는 중국도 인도도 아닌 여성이 이끌어갈 것이다."
> — 톰 피터스, 세계경제포럼에서

'소프트 파워'로 상징되는 여성의 섬세함과 유연성 그리고 감수성과 커뮤니케이션 능력은 21세기의 새로운 리더십으로 공유하고 개발해야 한다. 그리고 이미 그런 시대가 다가오고 있다. '알파걸' '립스틱 리더십’ ‘핑크칼라’ ‘블루스타킹’ 이런 단어들만 봐도 요즘 여성의 경쟁력이 얼마나 큰 화두가 되고 있는지를 알 수 있다.

미국에 ‘알파걸’이 있다면 한국에는 ‘블루스타킹’이 있다. 세대 간에 약간의 차이가 있을 뿐 이 단어들이 창의적이고 도전적인 새로운 여성 모델을 상징하는 것만은 분명하다. 그러나 아직도 유교사상이 많이 남아 있는 우리나라에서 여성문제를 새로운 시각으로 접근하는 것은 많은 어려움이 있다.

‘블루스타킹’ 하면 어떤 의미가 떠오르는가? ‘블루스타킹’은 18세기 유럽의 여성 문학애호가들이 신었던 청색스타킹에서 유래한다. 여성들은 자신의 외모를 꾸미거나 남자들에게 순종적이고 정숙해야 한다는 고정관념을 깨고 남성의 영역이라 불렸던 문학, 예술, 철학과 사회적 문제들에 관심을 가진 앞서 나가는 여성들을 폄하하여 부른 말이 ‘블루스타킹’이다. 이러한 블루스타킹들이 역사적으로 많은 역할들을 해왔지만 별로 대접받지는 못했다. 물론 남자들과의 경쟁에서 지지 않으려고 마치 남자들처럼 터프한 모습을 보였던 여성들도 마찬가지다.

그러나 지금은 다르다. 냉철하면서도 부드럽고 따뜻한 감성을 지닌 그리고 새로운 관점에서 문제를 바라볼 줄 아는 창의적인 현장형 리더가 바로 ‘블루스타킹’이다. 뛰어난 정치 역량과 과감한 정책 운영을 보여준 전 영국 총리 마가렛 대처 수상은 “정치에서 말이 필요하면 남자를 찾고 행동이 필요하면 여성을 청하라”고 했다. 마가렛 대처 수상은 대표적인 현장형 리더였다. 현장의 목소리에 귀 기울일 줄 아는 빌 게이츠의 부인 멜린다 게이츠는 "이론보다는 현장이 중요합니다. 지식보다는 마음이 중요합니다. 무엇을 어떻게 해야 하는지 알 수 없을 때는 현장에 가서 자신의 마음이 어떻게 움직이는지에 귀를 기울이세요"라고 말했다. 그녀 역시 현장형 리더의 대표적인 예다.

블루스타킹은 오랜 역사적 바탕 위에서 훈련되고 길들여진 리더들이다. 나는 이들이 가진 순발력과 예술적 기질 그리고 끼와 감각이 이 시대를 유쾌하고 활발하게 이끌고 갈 수 있을 것이라는 생각이 들었다.

블루스타킹에서 '블루'는 새롭게 도전하며 자유를 꿈꾸는 색이다. 또 첨단, 전문성, 미래지향적 비즈니스 산업의 핵심가치를 뜻하며 초연함과 냉정함, 통제와 유연성 그리고 창조를 상징한다. 이것이 블루스타킹이 세상을 바라보고 행동하는 방식이다.

여성 리더십이 중요한 이슈로 떠오르고 있기는 하지만 아직까지는 기업에서 그렇게 큰 관심을 불러일으키지 못하고 있다. 나는 여직원들끼리 모여 있으면 쓸데없는 이야기만 한다는 핀잔을 듣던 시절에 여직원 모임의 회장을 한 적이 있다. 그러나 회사에서는 여직원 모임을 단지 여성 동호회나 여성 친목회쯤으로 생각하는 경우가 많았다. 서울의 한 은행에서 여성들을 대상으로 하는 여성 리더십 강의를 했을 때도 조직 내에서 인정을 받고 성공하기 위해서는 자신들만의 독특한 무기를 갖추어야 한다는 얘기 말고는 특별하게 해줄 말이 없었다. 그런데 그 모임의 팀장을 만나면서 앞으로 내가 어떻게 이 주제를 가지고 이야기를 이끌어가야 하는지를 알게 되었다.

그 모임에 참석한 여성리더들은 그 기업의 고객만족, 곧 CS를 앞장서서 실천하고 있는 사람들이었다. 또 고객이라는 연결고리를 중심으로 조직 내에 강한 결속력을 다지고 있었고 대외적으로는 기업의 이미지를 끌어올리고 있었다.

시대가 변하면서 여성들에 대한 인식도 서서히 달라지고 있다. 그러나 여성의 시대가 왔다고 해서 모든 여성들에게 다 기회와 권한이 주어지는 것은 아니다. 미래를 착실하게 준비한 여성들만 그들의 시대를 맞이할 수 있다. 그런데 지나치게 여성성을 내세우며 오버하는 여성 리더들 그리고 남자들처럼 자신을 과시하고 싶어 절제되지 못한 터프함을 내보이는 여성 리더들이 있다. 그러나 이들은 진정한 여성 리더십이 무엇인지 모르고 있는 사람들이다. 오히려 이들 때문에 능력 있는 참신한 여성 인재들이 발목을 잡히고 있지 않나 하는 생각이 들 때도 있다.

여성의 파워가 점점 커지고 있는 현상을 설명하는 데 빠뜨릴 수 없는 두 단어가 있다. 앞에서도 잠시 이야기했던 '핑크칼라'와 '블루스타킹'이다. '핑크칼라'가 정보화 시대의 신데렐라였다면 '블루스타킹'은 자신의 전문성과 지적경쟁력을 좀더 근본적인 문제에 적극적으로 부딪칠 줄 아는 의식 있는 여성이다. 이들은 독립적이고 도전적이지만 색다른 그녀들만의 끼와 재능으로 분위기를 리드해가는 쿨하면서도 다정다감한 감성을 지닌 리더라는 점에서 자신만의 색깔을 가지고 있는 '립스틱 리더십'과도 비슷하다.

'립스틱 리더십'은 부드러움과 위기에 강한 여성 특유의 리더십을 성性의 구분을 통해 강렬하게 표현한 것을 말한다. 우경진 수원대 호텔관광경영학부 교수는 "리더가 나서서 조직을 이끌어가거나 문제를 해결하는 것이 아니라 구성원들이 자발적으로 문제를 해결하고, 상호 동의를 이끌어내고, 스스로 전진할 방향을 찾아낼 수 있도록 도와주는 것이 바로 립스틱 리더십"이라고 했다. 립스틱 리더십은 립스틱 자국처럼 상대방의 마음에 희망과 용기를 불어넣는다.

전문가들은 딱딱함과 부드러움, 어두움과 밝음, 칙칙함과 화사함, 수직과 수평 등을 예로 들면서 20세기가 제조 소비재 위주의 남성 중심의 리더십이 필요한 시대였다면, 21세기는 여성 중심의 리더십이 필요한 시대가 될 것이라고 했다.

'블루스타킹'이 평범함 속에서 삶의 목적과 가치를 추구하는 창의적 여성 리더십이라면 '알파걸'은 자신의 능력으로 당당하게 살아가며 남성을 추월하는 엘리트 여성 리더십이다. '알파걸'은 성실하고 낙천적이며 실용적이다. 또 이상주의적이며 개인주의적인 동시에 평등주의자이기도 하다. 그러면서 인생의 모든 가능성에 열린 마음을 갖는 유능한 집단이다. 그런 의미에서 너무 여성적이지도 않고 너무 차갑지도, 단호하지도 않은 '블루스타킹'과 많이 닮았다.

'알파걸'은 풍부한 물질문명 그리고 능력 있는 남성들의 관심과 사랑을 듬뿍 받고 자란 세대이기 때문에 대인관계에서 상당히 유연하다. 또 이들은 기존의 여성운동이 지향하는 저항적 여성이 아니다. 그렇다고 순종적이지도 않다. 자주적이고 독립적이며 또 창의적이다. 이러한 알파걸들이 이 시대에서 편견 없는 잣대로 대우받는 당당한 알파우먼으로서 존재하려면 한 세대 정도의 시간이 필요할 것 같다. 왜냐하면 아직은 여성 리더십이 잘 닦여진 등산로가 아니라 광풍에 의해서 길이 사라져 버릴지도 모르는 척박한 사막에 존재하고 있기 때문이다. 하지만 우리는 알파걸, 블루스타킹, 립스틱 리더십이라는 여성 리더십 속에서 21세기를 힘 있고 부드러운 세상으로 바꾸는 새로운 희망을 찾을 수 있다.

3. 소주처럼 칵테일처럼 T자형 인재

"우리는 우리와 함께 배우고 성장하며 발전해가고자 하는 사람을 찾습니다. 사람을 진정으로 좋아하는 사람, 다른 사람을 돕거나 봉사하는 데서 기쁨을 느끼는 사람을 찾습니다. 우리는 일을 원만하게 처리할 줄 아는 사람이 필요합니다. 또 풍부한 아이디어를 갖고 있는 사람도 필요합니다."

— 노드스트롬 백화점 채용 광고 중에서

내가 교육팀장으로 일할 때다. 아무래도 팀장이 되면 팀원들을 평가하고 승진시켜야 하는 책임이 따른다. 이럴 때는 참 곤란한 일들이 많이 발생한다. 팀원 중 한 명인 이 대리는 명문대에서 경영학을 전공한 재원으로 성격도 깔끔하고 책임감도 강했다. 또 사내 모든 직원들로부터 시선과 관심을 한 몸에 받는 부서의 마스코트 같은 미모의 직원이었다. 그런데 이 대리는 2년째 과장 승진에서 누락되었다.

첫 해는 며칠 동안 안 좋은 기분으로 지내다가 다시 활력을 찾는 것 같았지만 그 다음 해에는 본격적으로 자신의 감정을 드러냈다. 모두들 이 대리의 기분을 건드리지 않기 위해 슬슬 눈치를 보며 피했다. 이 대리는 별 것 아닌 일에도 쉽게 짜증을 냈고 책상 위에 서류를 내던지기도 했다. 거칠게 일어설 때마다 애꿎은 의자만 빙글빙글 돌뿐이었다.

그러던 중에 "팀장님! 제가 왜 이번에도 누락됐는지 이유나 좀 알아야겠습니다"라며 내게 따지듯이 물어왔다. 그래서 사무실에서는 좀 그렇고 퇴근 후에 조용한 데서 한잔 하자고 했다. 어떤 술을 좋아하냐고 물었더니 술은 소주밖에 안 마신다고 한다. 그래서 1차는 소주를 마시면서 이 대리의 불만 섞인 푸념을 들어주었다. 그리고 2차로 분위기 좋은 칵테일 바에 가자고 했다. 칵테일 바에서 둘이 나란히 앉아 이런 말을 했다.

"이 대리, 아까 우리가 마셨던 소주는 아무런 색과 향기도 없이 자신의 독특한 맛 하나로 기쁠 때나 슬플 때나 애주가들의 애환을 달래주잖아. 그런데 우리가 마셨던 칵테일은 어때? 별 희한한 색과 향기 그리고 맛을 조합해서 자신의 가치를 스스로 만들어내고 있지? 조직에서 요구하는 인재가 되려면 소주 맛 하나만 가지고는 안 돼. 적어도 중간관리자 이상은 말이야.

그리고 기업에서 핵심인재가 되려면 T자형 능력을 가진 인재가 돼야 해. 소주처럼 자신만의 강한 전문영역을 가지고 있으면서 칵테일처럼 다양한 인간관계를 만들어갈 수 있어야 인정받는 거야. 이 대리가 일은 똑부러지게 잘하는 건 인정하지만 인간관계에서 너무 독선적이고 배려가 없어. 그래서 종종 다른 사람에게 상처를 주는 것 같아."

나는 톡 쏘는 소주만 고집하지 말고 분위기 있는 곳에서 칵테일도 즐길 줄 알아야 한다고 말했다. T자형 인재는 지성과 감성 그리고 자신의 능력과 인간관계를 조화롭게 활용할 줄 아는 유능한 인재다.

많은 미래학자들은 정보화 사회 이후에 감성서비스 사회가 올 것이라고 내다봤다. 감성서비스 사회에서의 인재는 사람의 감성과 오감을 즐겁고 기쁘게 할 줄 아는 사람이다. 이러한 사람을 '하이컨셉' 또는 '하이터치' 능력을 가진 '하이퍼 휴먼'이라고 한다.

'하이컨셉'은 서로 아무 상관없어 보이는 것들로부터 새로운 아이디어를 찾아내는 창의적인 능력을 말하고, '하이터치'는 다른 사람의 감정을 즐겁게 해주고 이를 유지하는 능력을 말한다. 다시 말해 하이컨셉형은 엉뚱하고 독특한 생각을 많이 하는 사람이고, 하이터치형은 같이 있으면 괜히 즐겁고 유쾌한 사람이다. 이 두 가지 능력을 모두 갖춘 사람이 '하이퍼 휴먼'인 것이다. 이러한 '하이퍼 휴먼'이 바로 '하이퍼포머'를 만들어 내는 사람이다. 곧, T자형 능력을 가진 인재를 말한다.

21세기는 '창의력'과 '디자인'의 시대라고 흔히 말하지만 나는 '서비스'와 '디자인'의 시대라고 말하고 싶다. 뛰어난 디자인으로 사람들의 눈을 사로잡고 그 다음으로 친절하고 따뜻한 서비스로 사람의 마음을 잡을 수 있어야 한다.

다니엘 핑크Daniel H. Pink는 그의 저서 《미래 인재의 조건》에서 미래 사회에서 꼭 갖추어야 할 능력을 다음과 같이 6가지로 정의했다.

1. 기능만으로는 안 된다. 디자인으로 승부하라.
2. 단순한 주장만으로는 안 된다. 스토리를 겸비하라.
3. 집중만으로는 안 된다. 조화를 이루어야 한다.
4. 논리만으로는 안 된다. 공감이 필요하다.
5. 진지한 것만으로는 안 된다. 놀이도 필요하다.
6. 물질의 축척만으로는 부족하다. 의미를 찾아라.

감성서비스 사회에서는 모든 문제의 해답이 사람에게 있다. 많은 사람들과의 다양한 관계 속에서 문제를 발견할 수 있고 그 해답도 찾을 수 있다는 것이다. 또 사람에 대한 깊은 관심과 사랑 그리고 그 사랑에 대한 풍부한 상상력과 호기심이 감성서비스 사회의 새로운 영역을 만들어간다.

감성 시대가 열어가는 새로운 세상은 바로 마음 산업이다. 자신이 스스로 공상가임을 자처하는 스타벅스의 하워드 슐츠Howard Schultz는 "비전이란 다른 사람들이 보지 못한 것을 먼저 깨닫는 것"이라고 말했다. 그는 상상력에 기인한 혁신적인 생각으로 새로운 가치를 만들어낸 사람이다.

'상상의 원'을 발휘하지 못하는 평범한 사람에게는 잘 보이지 않지만 이를 잘 발휘하는 사람에게는 잘 보이는 사소한 차이가 있는데 이러한 사소한 차이가 결국에는 정말 중요한 가치로 발전되는 경우가 있다.

미국 사회가 사람들 사이의 강력한 유대관계를 그리워하게 될 것이라고 예측한 스타벅스는 유럽이나 이탈리아처럼 정서적인 공감대를 형성할 수 있는 커피바를 상상했고 이를 실행에 옮겼다. 그리고 단지 커피만 파는 가게가 아니라 다양한 경험을 공유할 수 있는 장소로 탄생시켰다. 사람의 마음을 움직일 수 있는 디자인과 서비스를 통해 사람들에게 다가선 것이다. 이러한 오감을 만족시키는 스타벅스의 예는 독창적인 아이디어로 고객을 감동시킨 '상상의 원'에 해당하는 감성 리더십의 전형이라고 할 수 있다.

그렇다면 상상의 세계를 통해 미래를 창조하는 오늘날의 조직에서, 성공하는 T자형 인재는 어떤 능력을 갖추고 있어야 할까.

첫째, 무엇보다도 자신의 분야에서 전문적인 지식을 완벽하게 가지고 있어야 한다. 이런 전문가를 우리는 스페셜리스트Specialist 라고 한다. 곧 소주 같이 자신만의 독특한 능력을 가진 사람이다.

둘째, 다양한 사람들과 원만한 관계를 유지하고 그들과 즐겁게 어울릴 수 있는 인관관계 기술이 있어야 하며 또 그들의 감성과 개성을 이해할 수 있는 센스를 갖추어야 한다. 이러한 사람을 우리는 제너럴리스트Generalist라고 한다. 칵테일처럼 부드럽고 다양한 맛과 색깔을 낼 줄 아는 사람이다.

셋째, 자신의 일에서 성과를 낼 수 있는 사람이다. 잘하는 것과 열심히 하는 것은 엄격히 다르다. 열심히 하는 것만으로 만족하는 사람은 이 시대의 유능한 인재가 될 수 없다. 지혜롭게 행동하며 성과를 만들어낼 줄 아는 사람이 필요하다.

넷째, 무엇보다도 고객이 좋아하는 사람은 일을 통해 모든 사람들로부터 인정받는 사람이다. 이러한 역량을 두루 갖춘 인재를 우리는 제너럴 스페셜리스트General-specialist라고 부른다. 제너럴 스페셜리스트를 다른 말로 멀티-휴먼 릴레이션십Multy-Human Relationship이라고 한다. 쉽게 말해서 팔방미인이라고 생각하면 된다. 이러한 다재다능한 인재는 앞으로 어떤 일을 하더라도 누군가로부터 지속적으로 선택받을 수 있는 최상의 엘리트다.

4. 부드러운 리더가 대세다

"어머니 같은 마음으로 직원들을 대하다 보면 직원들 역시 제 딸과 아들이 되어 줍니다. 행복한 서번트는 무엇보다 직원을 키워주려는 마음, 직원들의 행복한 미소를 보고픈 마음에서 시작됩니다. 마음이 통하면 나머지는 저절로 이루어집니다." —김숙자, 라마다 서울호텔 전 총지배인

어느 날 신문에서 '권위는 가라, 부드러운 CEO가 뜬다'라는 기사를 봤다. CEO의 환한 미소와 직원들 간의 화기애애한 모습도 흥미로웠지만 화이트데이에 여직원들에게 사탕을 선물하는 줄 아는 감성경영의 최고경영자들을 소개하는 면은 인상적이었다. 그중에는 앞치마를 두르고 직원들에게 음식을 서비스하는 열린 경영을 직접 실천하고 있는 대우자동차 이동호 사장의 환한 얼굴도 보였다. CEO라는 계급장

을 벗고 사람냄새 나는 인간 이동호로 사람들을 만나고 싶어 하는 진솔한 경영자를 보고 우리는 따뜻함을 느끼곤 한다. 그는 '지금 내가 일하고 있는 곳에서 1등이 되겠다'는 슬로건을 내걸고 CEO다운 완벽함과 성과를 요구하는 철저한 경영자다.

부드러운 리더란 사람을 소중하게 다룰 줄 아는 사람이다. 칼리 피오리나 전 HP 회장은 "앞으로는 사람을 다룰 줄 아는 서비스 인재가 유능한 인재가 될 것"라고 언급했다.

부드러운 감성을 지닌 인재가 앞으로 당당하게 새로운 삶의 물결을 일으킬 수 있는 주인공이 될 것이다. 아무리 좋은 전략을 수립하고 이에 적합한 시스템을 갖췄다 해도 구성원들이 이를 충실히 수행하지 못하면 소용이 없다. 함께 일하는 사람들의 마음을 이해해주는 리더는 조직원들의 능력을 최대한 이끌어내고 조직의 목표 역시 달성할 수 있다.

21세기는 과거와 달리 다양한 경영방법론이 새롭게 제시되고 있는데, 그 새로운 패러다임에서 가장 효과적이고 세분화된 방법론 중의 하나가 열린경영, 감성경영이다. 감성경영 시대에 요구되는 역량이 바로 감성역량이다. 감성역량이란 '자신과 구성원의 감성코드를 맞추고 관리해나가는 역량'을 말한다. 이러한 감성역량을 갖춘 리더는 구성원들과 목표에 대한 공감대를 형성하고, 구성원들의 자발적인 헌신과 몰입을 이끌어 낼 수 있다. 리더의 감성역량은 다음과 같이 4가지로 구성되어 있다.

1. **자기인식능력**Self-Awareness 자신의 가치관, 감정 상태, 장단점, 목표
와 비전을 명확히 인식하는 능력이다. 즉, 자기자신을 얼마나 정확하
게 파악하고 있느냐를 말한다. 주제파악에 대한 자기인식이라고도 할
수 있다. 이는 리더십의 가장 중심이 되는 '핵심의 원'에 해당하는 가
치의 인식 부분이다. 나를 먼저 알고 상대방을 알아야 백전백승하는
것이다.

2. **자기관리능력**Self-Management 자신의 감정을 적절히 통제하고 다스
리는 능력이다. 감성적인 리더가 되기 위해서는 자신에 대한 이해에
서 그치지 않고 스스로를 관리할 수 있어야 한다. 즉, 항상 긍정적이고
낙관적인 태도로 자신을 유지할 수 있어야 하고 아무리 어려운 일이
닥쳐도 자신을 통제할 수 있어야 한다.

3. **사회적 인식능력**Self-Awareness 구성원의 감정이나 상태를 깊이 이
해하는 능력이다. 감정이입 능력이라고도 한다. 상대방의 감정상태
를 상황에 맞게 인식할 줄 알아야 한다. 리더는 자신이나 팀의 입장
보다는 구성원들의 입장부터 먼저 경청하고 이해하려는 노력을 보여
야 한다.

4. **관계관리능력**Relation-Management 구성원들과 원만한 관계를 형성하
고 유지하는 능력을 말한다. 리더는 구성원들을 설득할 수 있어야 하
고 적절한 코칭과 동기부여를 해야 한다. 또 이를 통해 구성원들과 팀

의 목표를 조화롭게 통일시키고 공감대를 형성해야 한다.

이처럼 감성역량의 원천은 사람에 대한 깊은 이해와 사랑에 있다. 사랑과 배려의 마음이 바탕에 깔려있지 않은 리더가 어떻게 부하직원들에게 충성을 요구할 수 있겠는가? 구성원들을 진심으로 사랑하고 목표를 향해 매진하는 모습을 보여줄 때 비로소 구성원들은 리더를 믿고 따르게 될 것이다.

5. 보이는 것을 넘어서 상상하라

> 당신은 자신을 가장 멋지게 창조하는 법을 배우고 있다.
> 당신은 무엇이든 원하는 대로 될 수 있고 얻을 수 있다.
>
> — 조 바이텔리

꿈꾸는 사람이 세상을 바꾼다. 리더는 현재의 안락하고 편안한 삶에 안주하면 안 된다. 지속적으로 새로운 먹거리를 찾아내야 한다. 이러한 리더가 있을 때야말로 세상은 변화한다. 급변하는 세상에서 그 꿈이 도태되지 않게 하기 위해서는 끊임없이 생각하고 그 생각을 구체화해야 한다. 그리고 그 과정에서 상상력과 창의력 그리고 호기심을 발휘해야 한다. 그래야 그 꿈이 현실화되는 것이다.

또 리더는 5년 뒤, 10년 뒤에 무엇을 해야 할 것인지를 고민해야 한다. 삼성의 이건희 회장은 "중국은 쫓아오고 일본은 앞서가는데 우리는 그 사이에 낀 샌드위치 신세 같다. 정신 차리지 않으면 5~6년 후에 우리나라는 큰 혼란을 맞이할 것이다"라고 했다. LG 구본무 회장 역시 "실수만 하지 않으면 된다는 생각에서 벗어나 그룹 성장을 위해 미래를 계획하고 역량을 확보해야 한다"고 말했다.

앞으로는 상상력으로 가득 찬 아이디어의 전쟁 시대가 될 것이다. 지금은 20퍼센트의 사람들이 80퍼센트의 사람들을 먹여 살리지만 앞으로는 새로운 세상을 창조해내는 1퍼센트의 사람들이 99퍼센트의 사람들을 먹여 살릴 것이다.

일 년 전에 한 이동통신회사에서 강의를 한 적이 있다. 그 당시 휴대폰 시장은 치열한 가격경쟁을 하고 있었다. 그런데 휴대폰은 연령별로 사용하는 기능이 다 다르다. 하지만 대부분의 이동통신사들은 10대와 20대를 겨냥해 휴대폰을 시중에 내놓고 있었다. 곧 기술우위의 경쟁만 하는 것이다.

얼마 전 일본에서는 버튼이 무려 27개가나 되는 밥솥이 나와서 주부들이 불매운동을 했다고 한다. 그 회사는 기술적인 우위만을 자랑한 채 정작 소비자인 주부들이 기대하는 것이 무엇인지를 제대로 파악하지 않은 것이다. 밥솥은 밥만 잘 되면 되는 것이지 그렇게 많은 기능이 필요하지 않다. 그 회사는 필요도 없는 버튼만 많이 만들어서 가격만 올린 것이다.

나는 휴대폰 시장을 바라보면서 50대 이상의 실버시장이 잠자고 있다고 생각했다. 부모님에게 휴대폰을 선물하고 싶어도 전화 받고 거는 것 외에 할 줄 모르는 분들에게는 휴대폰은 너무 비싸고 어려운 물건이었다. 왜 이동통신사들은 이러한 시장은 놔두고 젊은 세대만 상대하는 것일까?

그런데 얼마 전에 이러한 실버시장을 대상으로 한 실버폰이 출시됐다는 반가운 소식을 들었다. 그러나 그 회사의 최고경영자가 휴대폰의 작은 글씨가 안 보여서 지시를 내린 것이라고 한다. 혹시나 하고 기대했지만 역시나였다. 아직도 고객의 시장요구를 제대로 보지 못하고 있는 것이다. 이제는 과감하게 회사바깥으로 나와서 고객의 라이프스타일을 볼 수 있어야 한다.

최근 삼성전자는 실적부진의 원인이 고객의 눈으로 보는 마인드가 부족했기 때문이라고 결론지었다. 소비자의 성향이 다양하고 빨리 변하고 있는데도 고객을 먼저 생각하기보다 기술우선적인 부분을 먼저 생각해 제품을 만들어왔다는 반성이 조금씩 나오기 시작한 것이다. 그래서 삼성전자는 고객의 라이프스타일과 휴대폰에 대한 소비자 선호도를 다시 조사하고 있다고 한다.

애플의 스티브 잡스는 다른 회사의 제품보다 혁신적인 디자인과 인터페이스를 통해 미래의 먹거리 '아이맥'과 '아이팟'을 만들어냈다. 그는 제품에서 불필요한 기능을 과감하게 빼고 가격을 파격적으로 낮추었다. 또 화려한 디자인으로 소비자의 눈길을 사로잡았다.

감성과 테크놀로지 시대에는 이처럼 느낌을 통해 소비자의 감성에 어필해야 한다. 또 창의적인 아이디어로 제품과 서비스를 만들어내야 경쟁력을 가질 수 있다. 이러한 아이디어는 단순히 고객의 라이프스타일과 고객의 심리를 깊이 파악한다고 해서 나오는 것이 아니다. 기발한 상상력과 창조적인 마케팅 감각을 효과적으로 발휘해야 가능한 것이다. 이제는 신성장동력을 찾아야 한다. 마치 한 번도 본 적도, 경험한 적도 없었던 것처럼 말이다.

아이디어 발상지수 테스트

1. 삶 자체에 관심이 있고 살아있다는 사실에 흥분을 느낀다.

2. 자신과 다른 가치관을 가지고 있는 사람들과도 잘 어울린다.

3. 새로 개봉한 영화를 보지 않으면 견딜 수 없다.

4. 가장 인기 있는 가수 세 명 이상의 이름을 말할 수 있다.

5. 신문을 볼 때는 작은 광고 문안까지 모두 읽는다.

6. 메모지와 연필을 항상 가까이 둔다.

7. 규칙과 통제에 맞추는 것을 좋아하지 않는다.

8. 비유나 애매한 표현을 자주 사용한다.

9. '만일 이렇게 된다면'하는 생각을 자주 한다.

10. '돌다리도 두드리고 건너야 한다'는 말을 가장 싫어한다.

11. 세상 일에는 정답이 하나 이상 존재한다고 확신한다.

12. 울음이나 웃음을 참을 수 없을 때가 종종 있다.

13. 음식점에 가면 이전에 먹어 보지 못한 음식을 찾는 편이다.

14. 금지된 것들을 깨뜨릴 때 쾌감을 느낀다.

15. 가끔 엉뚱한 이벤트로 사람들을 놀라게 한다.

※ 10개 이상 긍정적인 답을 할 수 있으면 감성지수가 높은 편이다. 그러나 개수가 중요한 것이 아니라 자신이 생각해 보지 못하고 경험해보지 못한 것에 대한 끝없는 호기심과 도전하는 마음이 중요하다.

무한대의 원
(글로벌 리더십, 테크놀로지 리더십)

어느 날 워싱턴에서 메일이 왔다. 지난 학기에 나와 함께 공부한 숙명여대 문화관광과 학생이다. 그 학생은 겨울방학 동안 밀레니엄 장학생으로 워싱턴 칼리지에서 교환학생으로 공부하고 있다고 한다. 외국 학생들과 부딪쳐가며 공부한다는 것이 두렵고 자신 없었는데 '국제문화와 리더십'이란 강의를 듣고 자신감이 생겼다는 것이다. 또 미국 학생들 그리고 유럽에서 온 학생들과 자연스럽게 어울리면서 어떤 분야에서는 자신이 분위기를 이끌고 있다고 했다. 내 제자가 치열한 국제 생존경쟁의 중심지인 워싱턴에서 당당하게 생활한다는 소식을 듣고 얼마나 반갑고 대견했는지 모른다.

세계 정치·경제의 중심지인 워싱턴은 세계 최고의 학생들이 경쟁하는 곳이다. 이곳에서 쏟아져 나오는 세계 최고의 솔루션들은 세계 모든 국가와 국민들의 삶에 막대한 영향력을 행사하고 있다.

브로치 외교로 유명한 올브라이트 전 미국 국방장관은 사람을 커보이게 하는 것이 자신감이라고 했다. 그리고 워싱턴을 주름잡았던 《조선일보》 강인선 기자는 강함은 거칠고 사납다는 의미가 아니라 자기다움을 유지하는 것이라고 했다. 나는 이 말을 듣고 얌전하고 정숙하게 자라야 한다고 교육받은 우리의 아들, 딸들이 세계무대에서 좀더 당당하게 자신을 드러내는 훈련을 받았으면 좋겠다는 생각이 들었다.

지난 학기에 과대표를 맡았던 한 학생은 영국 옥스퍼드 대학으로 유학을 준비한다며 찾아왔다. 또 불꽃 같은 삶을 살고 싶다고 발표했던 한 학생은 태국에서 원주민들과 함께 1년간 봉사활동을 마치고 귀국한 뒤 다시 하와이대학교에 6개월간 교환학생으로 간다고 한다. 이처럼 매학기가 끝날 때마다 유학을 가는 학생, 장기 여행을 떠나는 학생 등 많은 학생들이 해외로 나갔다 들어오는 걸 본다. 나는 이들을 보면서 새로운 희망을 꿈꾼다. 그리고 후배들과 제자들을 위해 열심히 강의하고 그들이 세계무대에서 당당할 수 있도록 자신감을 불어넣어

주는 것이 글로벌 리더로서의 내 역할이라고 생각했다.

용암처럼 뜨거운 '핵심의 원'을 가지고 있는 진정한 블루스타킹들이 앞으로 세계와 우주를 뛰어넘는 폭풍우와 같은 물결의 파장을 일으키기를 기대해본다.

1. 세계와 우주를 뛰어넘는 영향력

최근 들어 과학과 종교 간의 대화가 이루어지고 있다. 서구 선진사회가 그 동안 후진사상이라며 거들떠보지도 않던 동양사상과 신비주의에 조금씩 관심을 보이고 있는 것이다. 뭐라고 설명할 순 없지만 눈에 보이는 일상적인 실제 그 너머에 우리의 생각과 삶을 지배하는 그 무엇이 있다고 생각하기 시작한 것이다. 이처럼 존재와 생명 그리고 우주에 대해 궁극적인 물음과 새로운 관점이 생겨나면서 과학과 종교는 상대적인 한계를 조금씩 인정하며 접근하고 있다.

여러분들은 '나비효과'라는 말을 들어봤을 것이다. 북경의 나비가 날개짓을 하면 다음 달에 뉴욕에 폭풍우가 몰아칠 수 있다는 것이다. '나비효과'는 눈에 보이지 않는 극히 미세한 오차가 크게 확대되어 예측 불가능한 현상으로 나타난다는 카오스 이론의 상징적인 표현이다.

이러한 '나비효과'의 예처럼 '핵심의 원'에 존재하는 잔잔한 물결이 나중에는 상상하지도 못할 엄청난 영향력을 가진 물결이 되어 이 세상에 얼마나 큰 파장을 일으킬지는 아무도 모르는 것이다.

21세기는 메가트랜드 시대라고 한다. 다문화, 다원화, 정보혁명, 불확실성 같은 특징을 가진 이 시대에는 '불확실성이 없는 창조란 있을 수 없다'라고 할 정도로 예측 불가능한 많은 것들이 우리에게 영향력을 행사한다. 그리고 이러한 영향력을 행사하는 데 디지털 테크놀로지는 큰 역할을 담당하고 있다. 이 기술은 글로벌 리더의 영역을 세계와 우주로 무한히 넓히는 데 큰 도움을 주고 있다. 예를 들어, 세계 오지에서 행해지는 불평등한 관습이 세상에 공개됨으로써 지탄과 관심을 받게 되기도 하고, 지구 반대편의 정치와 경제를 안방에 앉아 실시간으로 시청하기도 한다. 이제는 자신이 있는 그 자리에서 수많은 정보를 수집, 활용할 수 있는 시대다. 누구나 자신이 원하면 세계 어느 곳의 정보든 다 찾아 볼 수 있다.

기존의 리더십 영역에는 이 부분이 포함되지 않았다. 디지털은 기존의 가치기준과의 관계를 재설정하게 만들었다. 그런데 바로 여기에서 엄청난 산업의 아이디어가 발생한다. 중요한 것은 아이디어를 얼마나 창출해내고 그 아이디어를 가지고 어떻게 실행에 옮길 수 있느냐 하는 것이다. 이것이 바로 리더의 역량이다.

요즘에는 서로 연관성이 없을 것 같은 산업끼리 서로 경쟁하는 관계가 되었다. 영역의 파괴가 실제로 우리 사회에서 일어나고 있는 것이다. 농업을 1차, 가공을 2차, 서비스를 3차, 연구개발R&D을 4차 산업이라고 한다면, 우주와 세계를 넘나들면서 경쟁력을 키우는 것을 5차, 6차 산업이라고 할 수 있다. 즉, 산업의 영역이 점차 무너지고 있는 것이다. 그리고 이러한 것은 전통적인 패러다임으로는 도저히 상상조차 하기 힘든 복잡하고 어려운 상황을 만들어내고 있다.

그뿐 아니라 지금 우리는 두 개의 세상을 동시에 살고 있다. 현실의 땅에 발을 딛고 기존의 아날로그적인 삶의 패러다임으로 살아가는 세상과, 이 세상에는 존재하지 않지만 우리들의 머리속에는 존재하는 가상의 공간 WWW(World Wide Web)의 세상이다. 이는 현대인들의 이중적 공간이기도 하다.

기존의 수직적 리더십은 아날로그 시대의 것이다. 이 시대에는 카리스마로 똘똘 뭉친 리더에게 줄을 잘 서야만 정보와 이익을 얻을 수 있었다. 그러나 이러한 시대의 충성과 복종은 이제 향수어린 단어가 되었다. 가상의 공간에서 24시간을 보내며 사고하는 젊은 세대들이 이제는 주류세대로 성장했고 우리 삶의 막강한 경제력과 통치권을 장악하고 있기 때문이다. 디지털 시대의 패러다임이 아날로그의 질서를 지배하고 있는 것이다.

시대를 꿰뚫어보았던 비디오 아티스트 백남준은 서양과 동양, 현재와 과거, 디지털과 아날로그 세상을 자유롭게 왕래하는 진정한 세계 시민의 모습을 보여주었다. 그는 상상력과 창의력을 가진 혁신적인 리더로서 누구보다도 주체적이고 열정적으로 자신의 예술성과 정체성을 표현했다. 그는 진정한 글로벌 리더로서 영향력을 행사한 사람이다.

이러한 세계와 우주를 뛰어넘는 영향력을 가진 글로벌 리더십, 테크놀로지 리더십은 e편한 세상으로의 자유로운 여행을 통해 앞으로 우리의 삶을 파격적으로 바꾸어놓을 것이다.

2. e편한 세상으로의 자유로운 여행

> 우리가 지금 당면한 심각한 문제가 있다면 우리가 문제를 일으켰을 당시의 사고방식이나 수준으로는 그 문제를 해결할 수 없다는 것이다.
>
> — 알버트 아인슈타인

가끔 TV를 통해 미인 선발대회를 본다. 그런데 시간이 흐르면서 미의 기준이 점점 변하는 것 같다. 그렇다면 앞으로 미의 기준이 어떻게 달라질까?

어쩌면 '칠등신' '팔등신'이라 불리는 사람을 보고 미녀라고 하는 것이 아니라 머리가 거의 대부분을 차지하는 '이등신' '삼등신'이라 불리는 사람을 미녀로 추켜세우는 시대가 될지도 모른다. 곧 얼마나 가슴이 풍만한가가 아니라 얼마나 풍부한 상상의 세계를 가지고 있는가를 판단한다는 얘기다. 그렇다면 이러한 판단은 누가 할 것인가?

봉이 김선달이 대동강의 물을 팔아먹던 시대처럼 주인도 없고 아무런 제한도 없는 가상의 공간에 먼저 깃대를 꽂는 사람들이 아마 이러한 판단의 주체이자 기준이 될 것이다.

우리는 사이버스페이스 시대를 맞이하고 있다. 사이버스페이스는 언어적인 의사소통Communacation 공간에만 머무르지 않고, 감각적이고 육체적인 의사소통의 공간으로도 빠르게 확장되고 있다. 이른바 버츄얼 리얼리티virtual reality다. 버츄얼 리얼리티는 컴퓨터가 만들어놓은 인공의 세계에 사람이 직접 들어가보기도 하고 만져보기도 하는, 실제와 같은 체험을 할 수 있도록 만든 첨단 컴퓨터 기술을 말한다.

나는 얼마 전에 일본 디즈니랜드에서 사이버 놀이기구를 탄 적이 있다. 눈에 특수 안경을 끼고 자리에 앉아 눈앞에 펼쳐지는 화면을 바라보는 기구였는데 보는 내내 손에 땀이 나고 다리가 뻐근했다. 의자에서 약간의 진동과 움직임만 있었을 뿐인데도 안경 속의 화면을 통해 엄청난 거리의 속도감을 느끼며 광활하고 먼 우주여행을 다녀왔던 것이다.

버츄얼 리얼리티 기술은 이처럼 원격존재telepresene 기술과 결합하여 원격가상televirtuality 통신으로 계속 발전하고 있다. 앞으로 우리는 수천 킬로미터 거리에 떨어져 있는 친구와 화상으로 통화하고 사이버스페이스에서 만날 수 있을 것이다. 그리고 이 공간에서 우리는 마치 옆에 있는 것처럼 이야기를 나누거나 테니스를 칠 수도 있다. 그리고 직접 백화점에 가지 않고도 인터넷을 이용해 매장에서 상품을 고르는 것처럼 쇼핑을 즐길 수 있다. 실제로 일본 도쿄에 있는 마쓰시다 전기의 전시장에는 카달로그를 보지 않고도 주방용품을 고를 수 있는 가상주방virtual kitchen이 마련되어 있다. 고객은 HDM (Head-Mounted Display)과 해드폰 그리고 데이터 장갑을 착용하고 컴퓨터 화면 속에 나타나는 주방에서 자기 손으로 냉장고를 얼어보거나 수도꼭지를 틀어볼 수 있다. 실제와 똑같은 '쏴' 하는 물소리를 들을 수도 있고 접시를 떨어뜨리면 깨지는 소리도 들을 수 있다.

사이버스페이스는 현실과는 전혀 관계가 없는 가상공간이 아니다. 전통적인 공간과는 다른 새로운 공간이다. 이러한 사어버스페이스는 앞으로 사람들의 생활을 송두리째 바꾸어놓을 것이다. 예를 들어, 집 밖에서 집안의 모든 전원을 작동시킬 수 있다든지 회사에 출근하지 않아도 공장에 있는 로봇을 운전하며 업무를 진행할 수 있을 것이다. 또 지구 반대편에 있는 친구와 함께 운동을 하거나, 신혼부부가 침실에 누워 환상의 섬으로 사이버 여행을 떠날 수도 있다. 그뿐 아니라 사이버스페이스에서는 마음이 통한 미지의 파트너와 사이버 섹스를 즐길 수도 있을 것이다. 기존의 윤리관을 깨고 새로운 성 문화를 아주 은밀하면서도 자유롭게 만끽할 수 있다는 것이다. 이처럼 앞으로 다가올 미래는 엄청난 변화의 세상이 될 것이다.

'세컨드 라이프'라는 말을 들어본 적이 있는가? '세컨드 라이프'는 미국의 벤처 기업 린든랩이 만든 인터넷상의 가상공간이다. 자신의 분신과도 같은 '아비타'라는 사이버 인간을 통해 빌딩도 사고 개와 고양이를 기르며 화초도 가꾸는 환상적인 사이버 공간이다. 현실의 아내가 싫증이 나면 바람을 피울 필요도 없다. 이런 가상의 공간으로 숨어 버리면 되는 것이다.

세컨드 라이프는 현실세계의 시간과 공간, 나라, 인종, 결혼, 도덕, 종교 등과 전혀 문제를 일으키지 않는 새로운 공간이다. 여기에서는

'린든 달러'라고 하는 세계 만국 공통 화폐가 존재하는데 이 '린든 달러'는 현실에서 실물통화로 교환할 수도 있다. 그래서 가상세계의 부자와 현실사회의 부자 간의 거래가 가능하다.

소니와 IBM은 이미 세컨드 라이프에 사이버 지점을 만들었고 하버드나 프린스턴 등 세계유명 대학에서는 사이버 캠퍼스를 개설하여 학점을 제공하고 있다. 워싱턴과 해외에 있는 우리 학생들도 사이버 캠퍼스를 통해서 세계 유명 대학의 학점을 이수하고 있다.

나는 "교수님, 사이버 캠퍼스에서 만나요!"라는 인사말을 종종 듣는다. 앞으로 교수의 강의 패러다임도 크게 바뀔 것이다. 먼저 선先, 태어날 생生이라는 의미를 가진 '선생님'이 있는 학교는 점점 없어질지도 모른다. 이제는 Know how의 시대가 아니라 know where의 시대다. 어디에 무슨 정보가 유용하게 있는지를 가르쳐주는 즉시 학습 Just in time이 이루어지고 있는 것이다.

또 날마다 제공되는 정보의 양이 너무 많아 이러한 정보가 앞으로는 각 가정으로 물이나 전기처럼 공급될 것이다. 아마 모두가 똑똑한 세상이 될 것이다. 그래서 혹자는 리더의 개념이 사라질 것이라고도 말한다.

그렇다면 리더가 없는 리더십 Leadership with out Leaders이 과연 존재할 수 있을까? e편한 세상에서는 모든 개인들이 마치 부유물처럼 아무 생각 없이 둥둥 떠다닐 것이다. 방향성이 없는 자유로 인해 똑똑한 개인들은 우주를 방황하는 미아가 되어버릴지도 모른다. 그렇기 때문에 이러한 사람들의 초점을 잡아줄 사람이 필요하다.

　오늘날 디지털 시대를 주도하는 테크놀로지 리더는 서로의 눈을 맞추고 주변사람들과 서로 부대낄 줄 아는, 가슴과 가슴을 그물처럼 엮어 서로의 삶에 뜨거운 불덩이를 안겨주는 능력을 갖춘 사람이어야 한다. 리더가 없는 리더십은 결국 물과 같이 서로에게 아무런 부담을 주지 않고 유연하게 스며들 줄 아는 인간관계의 능력, 즉 커뮤니케이션 능력을 말한다.

　"말을 잘하는 것은 기술이지만 상대방의 마음을 얻는 것은 예술이다."라는 말이 있다. 예술적 심미안을 가지고 사람들을 이끌어야 한다. 이것이 '무한대의 원'이 가진 영향력의 철학이고 법칙이다. 물과 같이 부담 없는 관계를 통해 다른 사람에게 영향력을 행사하기 위해서는 다음과 같은 5가지의 원칙을 지켜야 한다.

1. **유연함**Flexivle　자신의 아집과 자존심을 내려놓고 물처럼 허물없는 마음으로 다른 사람에게 다가갈 수 있어야 한다. 뛰어난 리더는 자신을 버릴 수 있는 용기를 가진 사람이다.

2. **관찰가능성**Observable　격의 없이 유연해 보이면서도 일관성과 투명성을 가지고 있어야 한다. 암울하게 자신의 벽에 갇혀서 다른 사람들을 관찰하려고만 하면 다른 사람들에게 지속적인 관심을 갖기가 어렵다.

3. **명확성**Clear　자신의 생각과 소신이 명확해야 공감대를 형성할 수

있다. 어렵고 모호한 말이나 행동은 다른 사람으로부터 오해와 불신을 살 수 있다.

4. **유용성**Useful 물은 우리에게 아무런 저항 없이 존재하지만 물이 없으면 우리는 한시도 살 수 없다. 그 정도로 물은 우리 삶에 중요한 가치다. 있는 듯 없는 듯 하지만 없어서는 안 되는 그런 사람이 물과 같은 존재다. 또 물은 엄청난 힘을 발휘할 수 있는 응집력을 가지고 있다. 이러한 응집력이 엄청난 영향력의 소용돌이를 만들어내기도 한다.

5. **세분화**Specific 물 자체는 편하지만 세분화하면 아주 섬세한 분자와 원자의 역학적 구조를 가지고 있다. 즉, 물은 사람의 마음을 편안하게 만들어주지만 아주 엄격하게는 땅, 우주, 바다, 산의 영역을 구분하기도 한다.

성性과 가족의 개념이 흔들리면서 기존의 문명 역시 흔들리고 있다. 그동안 우리는 가족을 통해 인간관계와 사회질서의 기초를 습득했다. 가족은 인간사회의 가장 기본적인 안정성을 유지해주고, 우리는 그 안정성을 바탕으로 인류사회를 확대하고 발전시켜왔다. 그리고 이것이 문명발전의 동력이었다.

그런데 사이버스페이스와 세컨드 라이프를 통해 기존의 가족과 결혼관이 변화하고 있다. 이제는 사이버상에서의 질서의식 그리고 올바른 예절과 서비스 매너가 새롭게 태어나야 할 것이다. 이제 가족 공동

체와 같은 집단문화에서 지극히 은밀하고 개인주의적인 나홀로족의
문화로 바뀌어가고 있다.

3. 디지털 시대의 부메랑의 물결

– 다양한 문화종족의 탄생

> 격동기의 최대 위기는 격동 그 자체가 아니라 과거의 논리대로 행동하는 것
> 이다.
> —피터 드러커

이 세상을 살다보면 이 시대 사람들의 살아가는 모습을 알 수 있는
많은 종족들을 만나게 된다. 이러한 종족을 문화종족이라고 하는데
이 문화종족은 유전인자에 의한 생물학적 종족種族과는 다른 의미다.
문화종족은 그 시대의 각 개인의 삶이 얼마나 다양화되어가고 있는가
를 반영하고 있으며 그 시대 사람들의 소비패턴과 라이프스타일을 주
도하는 엘리트층의 모습을 보여준다. 디지털이라는 신문화 시대에는
여피족Yuppie, 보보스족Bobos, 욘족Yawn 등이 새로운 엘리트 계급으로
변화하며 등장했다.

여피족은 젊음young, 도시urban, 전문직professional이라는 단어의 머리
글자 'YUP'에서 나온 말이다. 말 그대로 그들은 도시의 세련되고 멋
진 삶을 추구한다. 이들은 아르마니 정장에 페라가모 구두와 구찌 시
계 그리고 BMW를 몰면서 평범한 사람들과 구분되는 귀족적인 삶을

영위한다. 많은 젊은이들이 그들을 따라 명품을 찾는 등 황금만능주의 소비행태를 보이기도 했다.

여피족이 1980년대 베이비붐 세대 이후의 대량 물질문명 세대였다면, 1990년 이후에는 전문적인 직업을 갖고 스스로 많은 부를 축척한 보보스족Bobos이 등장했다. 보보스는 부르주아Bourgeois와 보헤미안Bohemian의 합성어다.

그들은 물질적 풍요와 정신적 자유를 동시에 추구하며 유행이나 시대의 조류에 편승하는 것이 아니라 자신만의 가치를 중요시하는 고고한 자존심과 나름대로의 부의 철학을 가지고 있다. 보보스족은 정신적으로 히피의 자유 성향을 지향하면서도 현실에서는 실리를 추구하는 디지털시대의 신문화종족이다.

내가 아는 어떤 음악가는 시장 가판대에서 몇천 원짜리 티셔츠를 즐겨 입으면서도 수천만 원이나 하는 오디오시스템을 갖추고 최고급 에스프로소 커피기에서 나온 커피만 마신다. 전문직에 종사하면서 많은 돈을 벌지만 평소에는 검약한 생활을 하는 것이다. 좋아하는 문화생활을 위해 돈을 아낌없이 쓰는 마니아 집단이 여기에 속한다.

영국의 《선데이 텔레그래프》는 미국의 부자들이 요트나 제트비행기, 대저택을 구입하는 데 열을 올리는 것과 반대로 자선활동이나 가정에 충실한 새로운 21세기형 영국 부자들을 욘족Yawn이라고 지칭했다. 욘족은 젊고young 부유하지만wealthy 평범한normal 사람들을 일컫는 말이다. 이 사람들은 '소유는 근심이요, 소박한 삶은 은총'이라며 인생의 무게중심을 더불어 사는 삶에 두고 있다. 그들의 특징은 '평범'

과 '자선'이다. 이들은 사치를 멀리하고 가급적 평범하게 살려고 노력한다. 그리고 제3세계의 빈곤 문제나 질병 퇴치 같은 자선사업에 시간과 돈을 아끼지 않는다. 정신적인 만족과 보람을 주기 때문이다. 애플의 스티브 잡스와 야후의 제리 양, 마이크로소프트의 빌 게이츠 회장은 욘족의 대표주자들이다.

그런데 디지털문화를 자유롭게 사용하는 세대와 그렇지 않은 세대가 확연하게 구분되면서 디지털문화의 추종세력들이 이런 엘리트층이 누리는 경제적 여유를 누리지 못하게 되었다. 이러한 현상이 발생하면서 이들은 자신을 엘리트층과 격리시키고 한층 더 디지털세계에 파묻혀 버렸다.

유목민이라는 의미를 지닌 노매드족Nomad도 있다. 자크 아탈리는 그의 저서 《미래의 물결》에서 정보기술력이 선도할 미래 사회 신인류의 패러다임을 상징하는 "디지털 유목민"이라는 신조어를 만들었다. 21세기의 노매드족은 무선랜 노트북, 휴대폰, PDA 등의 첨단 장비를 지니고 다니며 시간과 공간의 제약을 뛰어넘어 일하고 생활하는 창조적인 사고의 디지털 유목민이다. 그들은 기존의 것에 얽매이지 않고 가치를 창조하며 늘 새로운 영역으로 옮겨 다닌다. 또 시간이 24시간이어야 한다는 기존의 관념을 무시한다. 그들에게는 일이 곧 놀이며 휴식이다.

'밈프족'은 네티즌 사이에서 대단한 호응을 얻고 있는 문화종족이다. 이들은 다음과 같은 특징을 가지고 있다.

1. 디카나 휴대폰을 소지할 것!
2. 전국 어디라도 상관없지만 미팅이 용이하도록 서울 및 경기도에 거주할 것!
3. 웬만한 일에는 쑥스러워하지 않도록 얼굴이 두꺼울 것!
4. 일단 '사람'이기만 하면 되지만 외모가 매우 뛰어나거나 매우 못하신 분, 대환영!

언뜻 듣기에는 엉뚱한 면도 있지만 분명 구인광고다. 밈프란 Making myself In Motion-Picture의 약자로 전문적이진 않지만 자신의 일상을 사진이나 동영상 드라마로 제작하는 활동을 말한다. 이제는 디지털 기술을 사용해 누구나 손쉽게 인터넷상에 콘텐츠를 올리고 편집할 수 있다. 또 자신이 만든 제작물을 불특정 다수에게 발신할 수 있는 개인 방송국도 가질 수 있게 되었다. 그 덕분에 전문적 생산자와 비전문적 소비자의 구분이 모호해지고 있다. 이처럼 자신의 이야기를 직설적인 용어로 숨김없이 전달하고 공유하길 좋아하는 젊은 세대들에 의해 밈프족은 점점 더 확산되고 있다. 이와 유사한 Rec족도 있는데 Rec족이란 녹화Recording를 즐기는 네티즌을 이르는 말이다. 이들은 캠코더나 디지털 카메라로 이것저것을 찍고 기록하기를 좋아한다. 이런 Rec족들의 활약으로 유튜브나 UCC동영상 사이트들이 활성화되고 있다.

이러한 문화족들은 여럿이 함께 놀기도 하지만 보통 디지털과 함께 혼자 시간을 보낸다. 나홀로족인 것이다. 이들은 어떻게 시간을 보내야 할지 몰라 심심해하던 아날로그 시대의 시간 죽이기와는 전혀 다른 놀이문화를 가지고 있다. 게임기, 음악, 인터넷 같은 기기들만 있으면 몇 날 며칠이고 자기 방에서 혼자 시간을 보내는 것이다. 그러나 혼자서 뭔가에 빠져 있는 이들의 뒷모습은 무척 우울해보인다. 그래서 이들을 글루미 제너레이션gloomy generation이라고 부른다.

우주의 중심인 핵심의 물방울의 파장은 수평으로도 무한히 펴져가기도 하지만 물밑으로도 한없이 침잠한다. 디지털 물결에 의한 e편한 세상은 오늘날의 현대인들을 더욱 더 독립적이고 개인적인 자신만의 물밑 공간으로 인도한다. 이들은 혼자 밥을 먹고, 영화를 보고, 휴식을 취하는 것을 즐긴다. 다른 사람과 함께할 때 생기는 시간적 공간적 배려가 번거롭고 거부와 부정에 대한 두려움이 싫기 때문이다. 그래서 서로 대화 없는 혼자가 편한 것이다.

스타벅스의 성공 이면에는 이런 글루미 제너레이션의 부상이 숨어있다. 실제로 요즘 스타벅스에 가면 혼자 커피를 마시며 책을 읽거나 노트북으로 일을 하는 사람들을 심심찮게 볼 수 있다. 그런데 커피전문점뿐 아니라 식당, 고깃집까지도 나홀로족을 위한 1인용 바 형태의 공간을 늘리고 있다고 한다.

'글루미 제너레이션' '나홀로족' 등은 외롭고 쓸쓸한 느낌을 주는 트렌드 용어지만 이 시대의 모습을 반영하는 것만은 분명하다. 우리가 함께 일하는 직장에서도 나홀로족은 조금씩 늘어나고 있다. 어느 순간 사무실에 들어가면 '쓱쓱' 마우스 움직이는 소리만 들릴 뿐이다.

서로 대화가 없는 조용한 세대를 'Q'Quiet세대라고 한다. 'Q세대'란 최근 《뉴욕타임스》 칼럼니스트 토마스 프리더먼이 온라인 세계에

갇혀 너무 조용해진 미국 대학생들을 지칭한 말이다.

e-메일, 메신저, 인트라넷 등 업무환경의 온라인화가 직장인들의 대화를 점점 더 줄어들게 하는 원인이다. 이러한 것들은 굳이 얼굴을 보면서 서로의 감정을 드러낼 필요가 없는 현대인들에게 가장 편리한 대화 매체가 아닐 수 없다. 결재를 받을 때도 상하 간에 눈을 바라보면서 따뜻한 말 한마디를 나눌 기회조차 없다.

언젠가 나는 홈페이지를 만들기 위해서 인터넷을 뒤진 적이 있다. 그리고 저렴한 가격의 홈페이지 제작회사를 찾았다. 그런데 아기자기하고 예쁜 나만의 방을 꾸미고 싶었지만 양식에 맞는 요구사항만 입력해야 했다. 그 외에는 내 의견을 표현할 수 있는 방법이 없었다. 채팅으로 속내를 털어놓는다고는 하지만 조정, 협의, 협상, 타협, 의견수렴과 같은 쌍방향 커뮤니케이션은 그곳에서 잘 이루어지지 않는다.

"왜 이렇게 되는 거죠? 이렇게 고쳐줄 수 있어요?"라고 요구하면 대금을 지불해야 한다고 말한다. 그래서 "왜 그런 비용이 나옵니까?" 하고 물으면 묵묵부답이기 일쑤다. 온갖 감성적인 대화를 배제하고 이성적이고 기계적인 대화로만 일이 처리되는 것이다. 저렴한 비용은 단지 차가운 컴퓨터의 획일화된 능력의 대가일 뿐이다.

이러한 세상에서는 사람들 사이에 대화가 잘 이루어지지 않는다. 그저 단단한 껍질 속에서 서로 자신의 입장만 내세울 뿐이다. 그럴수록 대화 없는 현대인들은 더 자신들만의 공간에서 외롭고 우울해질 것이다.

이처럼 자신의 세상 속에 묻혀 사는 사람들을 코쿤Cocoon족이라고 부른다. '코쿤족'은 누에고치라는 의미로 주위를 딱딱한 껍데기로 감은 채 골치아픈 사회와 단절하고 껍데기 안에서 자신만의 세계를 추구하는 사람들을 이르는 말이다. 사회적 의미의 '코쿤'은 미국의 마케팅전문가 페이스 팝콘이 '불확실한 사회에서 단절돼 보호받고 싶은 욕망을 해소하는 공간'이란 뜻으로 사용했다. 이들이 이렇게 자신만의 껍데기 속에 사는 이유는 개성이 강한 오늘날의 현대인들 사이에서 주고받을 수 있는 상처가 두렵기 때문이다. 똑똑한 사람들의 강한 논리를 들어주기에는 엄청난 인내심이 요구되는데 바쁘게 돌아가는 세상에서 그러한 인내심은 낭비에 불과하다는 것이다. 이들이 세상과 소통하는 유일한 방법은 플러그를 통한 디지털 매체뿐이다. 그리고 이것 하나면 충분하다고 생각한다. 휴식이 필요하면 잠시 플러그를 빼면 되는 것이다.

'안습, 쌩얼, 훈남'이라는 말이 어떤 의미인지 이해한다면 당신은 '투글(two글)족'이다. 네티즌들은 짧은 시간에 익명의 정보를 주고받기를 원하기 때문에 무엇인가를 표현할 때 의태어·의성어 중심의 감정 표현이나, 앞 글자 중심으로 문장을 두 글자로 줄여 사용한다. 앞에서도 말했지만 이러한 부류들은 길게 상대방의 이야기를 들어줄 인내심이나 배려심이 없다. 핵심만 통하면 그만이라는 지독한 이기주의가 바탕에 깔려 있다. 쌩얼(생얼굴), 므흣(흐뭇하다), 덜덜(춥다) 등이 대표적인 단어들이다. 이러한 함축된 단어들은 한 세대만 뛰어넘어도 소통이 안 된다. 자신들의 입장에서는 이러한 부호를 알아듣는 사람끼리 깊은 동질감과 연대감을 느낀다.

빠르게 성장해온 고도의 산업사회에서 지친 현대인들은 물질보다는 마음을, 성공보다는 가정을 더 소중하게 여기고 느리고 여유있는 삶을 살려고 한다. 이러한 풍조 속에서 '천천히 그러나 더 훌륭하게 일하는 사람Slow But Betther Working People'이라는 의미를 가진 '슬로비족'이 생겨났다. 또 같은 취미를 가진 사람들끼리 모인 '하비홀릭족 hobby+holic'도 있다. 이들을 정보열광자들이라고 하는데 자신이 필요로 하는 정보를 적극적으로 찾아다니고 남들과 공유하는 사람들이다. 이런 사람들은 동호회를 통해 자신들이 즐겨 찾는 전문사이트 주소를 서로 주고받는다. 잘 알려져 있지 않은 마니아들만의 사이트를 공개하는 것이 그들의 자랑이고 능력이다.

'캔비족'은 'Can be(될 수 있다)'라는 문장에서 나온 신조어다. 이들은 각종 미디어를 통해 알게 된 유명 인사의 옷과 액세서리 등을 모방하여 자신도 그들처럼 되고 싶어 하는 사람들이다. 경제적으로 풍요롭고 미디어와 디지털 매체에 익숙한 세대들에서 쉽게 찾아볼 수 있으며, 주로 여대생들이 이런 캔비족의 성향을 가지고 있다.

이외에도 디지털 문화의 부메랑의 물결로서 많은 문화종족들이 탄생하고 있다. 이런 문화종족은 그 시대를 사는 사람들의 욕구need와 관심을 반영하고 있기 때문에 새로운 소비시장 창출에 큰 기여를 하고 있다. 이런 부메랑의 물결이 우리 삶의 '무한대의 원'과 '상상의 원'을 자극하여 '핵심의 원'과 '통제의 원'을 불규칙적으로 흔들어 놓을지도 모른다. 리더가 없는 리더십의 또 다른 영향력인 것이다.

4. 부의 새로운 코드를 읽어라, 노블리스 오블리제의 실천

> "부자인 채로 죽는 것은 부끄러운 일이다."　　　　　　－ 앤드류 카네기

문화 트렌드의 가장 핵심이 바로 경제적인 부富의 흐름이다. 여피족 시대만 하더라도 부는 단순히 많이 가진 것에 불과했다. 또 많이 가진 사람은 하늘이 내린다는 생각을 가지고 있어서 부를 중심으로 계급과 신분이 확실하게 구분되었다. 그리고 경제적인 부를 가진 자만이 이 사회에서 모든 것을 누릴 수 있다고 생각했기 때문에 많은 사람들이 돈을 벌기 위해서 온갖 열정을 쏟아부었다. 그래서 황금만능주의가 팽배해졌고 명품족을 노린 짝퉁 상품이 판을 치게 된 것이다. 또 가진 자처럼 행세하려는 베블린Veblen 현상이 나타나기도 했다.

동서고금을 막론하고 거대한 부great wealth는 늘 막강한 힘great power을 만들어냈고 그것은 인류 문명의 물꼬를 트는 원동력이었다. 일단 부자의 반열에 올라서면 그들은 아주 특별한 존재가 되었다. 그리고 그들이 가진 엄청난 돈은 단순히 무엇을 살 수 있는 능력에만 머물지 않았다. 나라 안팎에서 엄청난 '권력(정치적 영향력)'을 행사한 것이다.

그러나 그 이후 '가진 자가 바로 사회에서 촉망받는 엘리트'라는 개념에서 한층 더 나아가 자신의 분야에서 최고의 사치를 누리면서 보헤미안 기질의 멋을 부릴 줄 아는 보보스족이 나타났고, 2000년대가 되면서 부를 누리고 즐기는 것만이 아니라 부를 누릴 수 있는 것에 감사하는 마음으로 자선 행사를 열거나 어려운 사람들에게 도움을 주

는 욕족이 출현했다. 지나친 상업주의와 물질적 풍요가 우리 삶의 근본적인 문제를 해결해주지 못한다는 것을 알기 시작한 것이다. 트리나 폴러스의 《꽃들에게 희망을》이라는 책의 애벌레처럼 남들을 따라 열심히 올라가봤지만 정상에는 아무것도 없다는 것을 알게 되는 것과 같은 심정일 것이다.

카피라이터 이만재 씨는 자신의 이름을 소개하면서 이 세상에는 재才, 지智, 모謨, 달達, 우愚 등 5가지 유형의 인재가 있다고 했다. 재才는 신이 내려주신 재주만 믿고 예능으로 사는 사람이고, 지智는 지식이 풍부한 사람, 이른바 많이 배운 사람이다. 모謨는 머리를 써서 사람을 잘 부리는 경영자를 말하며, 달達은 모든 분야에서 통달의 경지에 이른 고수高手를 가리킨다. 우리 대부분은 이런 사람들을 성공한 사람들이고 말한다. 그런데 마지막 우愚는 어리석어야 할 때 어리석을 줄 아는 사람이다. 이들은 자신을 낮춤으로서 상대방을 굴복시킬 줄 안다. 사랑과 대의를 위해 베풀 줄 아는 사람이기도 하다. 대부분의 사람들은 이것을 실천하지 못하기 때문에 우리는 우愚를 행하는 사람들을 위대하다고 한다. 우리나라의 재벌들이 앞의 4가지의 유형을 다 갖추었음에도 불구하고 글로벌 리더로서 무한대의 영향력을 발휘하지 못하는 이유는 마지막 유형인 가진 자로서 사랑과 대의를 위해 베풀 줄 아는 우愚가 없기 때문이다.

누구나 자신의 능력과 재주를 개발하고 노력하면 앞에서 말한 4가지 유형을 어느 정도 갖출 수 있다. 이제는 태어나면서 금수저를 물고 태어나는 시대가 아니다. 모두가 똑같은 기회를 부여받았기 때문에 기회를 잡고 열심히 세상의 흐름을 읽을 줄 아는 사람은 누구나 부자가 될 수 있다. 그렇지만 우리 삶에 알게 모르게 영향력을 미치고 있는 다섯 번째 유형인 우愚를 갖추지 못하면 큰 영향력을 행사하지 못한다. 우리가 그토록 가지려고 했던 부富 이상의 가치를 가져야 한다는 말이다. 가진 자로서 좀더 높은 차원의 권리와 의무를 수행해야 하는 것이다.

"내가 그 여섯 중 한 사람이 되겠소."

영국과 프랑스의 백년전쟁 때의 일이다. 영국은 프랑스의 칼레시를 함락한 후 칼레시민의 죄를 묻기 위해 시민 6인을 뽑아 교수형에 처하기로 했다. 많은 시민들이 두려움에 떨고 있을 때 "내가 그 여섯 사람 중 한 사람이 되겠소"라며 나서는 사람이 있었다. 그가 바로 칼레시의 가장 부유한 시민인 '외스타슈'라는 사람이었다. 이어 법률가 장 데르, 부자 피에르 등 부유층 지도자들이 앞장서서 칼레시를 구하기 위해 죽음을 자청하고 나섰다. 영국의 왕은 이들의 뜻을 가상히 여겨 모두 살려주었다고 한다. 이 6인의 이야기가 오늘날 고귀한 신분에 따르는 도덕적 의무를 뜻하는 말로 나타났다. 대접받기 위해서는 '명예Noblesse'만큼 '의무Oblege'를 다해야 한다는 '노블리스 오블리제'의 정신이 그것이다. 많이 가지고 많이 누렸으면 봉사하고 서비스하는 것이 옳다.

나눔과 베품의 리더십이 이 시대를 이끌어 갈 수 있는 전정한 리더십이다. 세상과 우주를 뛰어넘는 글로벌 리더의 영향력은 바로 자신의 벽을 무너뜨리고 사랑과 대의를 위해 어리석을 줄 아는 사람에게

서 나타난다.

앞에서도 말했지만 오늘날 글로벌 리더십을 발휘하기 위한 막강한 수단이 되고 있는 것이 테크놀로지 리더십이다. 마이크로소프트 빌 게이츠 회장을 선두로 인텔의 공동 창업자 고든 무어, 애플 컴퓨터의 창업자 스티브 잡스, 온라인 서적사이트 아마존의 창업자 제프 베조스, 델 컴퓨터의 마이클 델, 온라인 마켓인 이베이의 창업자 피에르 오미드야르 같은 이들이 인류를 신세계로 이끈 신문명의 개척자들이다. 그들은 보헤미안 기질을 가진 보보스족이면서 다른 사람들에게 나누고 베풀 줄 하는 욘족의 특성을 모두 지니고 있다. 이들이 없었다면 오늘날의 컴퓨터 문명과 인터넷 세계는 상상할 수 없었을 것이다.

현대적 의미의 '노블리스 오블리제'를 실현하기 위해서는 재산뿐 아니라 그들의 재능과 능력까지도 나누고 베풀 수 있어야 한다. 테크놀로지 리더십을 발휘한 글로벌 리더 빌 게이츠는 죽기 전에 500억 달러에 해당하는 자신의 재산 중 95퍼센트를 기부하겠다고 밝힌 바 있다. 빌 게이츠가 돈을 버는 천재라면 그의 부인 멜린다 게이츠는 돈을 어떻게 하면 가치 있게 쓸 수 있는가에 대한 천재적인 감각을 가지고 있다.

"이성보다는 감성으로, 계산보다는 사랑으로 자신이 무슨 일을 해야 하는지 생각하라" 이것이 노블리스 오블리제를 실천하는 그녀만의 방법이다. 그녀는 아프리카 빈곤국에서 죽어가는 수십만 명의 어린아이를 살려내고, 미국의 교육개혁을 위해 자금을 지원하는 등 자신들의 부에 따르는 사회적 책임과 도덕적 의무를 다하고 있다.

한국의 부자들을 포함한 대부분의 부자들이 어떻게 하면 자신들의 부를 자식에게 물려줄 수 있을까, 또 어떻게 하면 세금을 덜 낼 수 있을까를 고민하고 있는 데 비해 그들은 자신들의 재산은 사회로부터 얻은 것이기 때문에 사회에 다시 환원해야 한다는 생각을 가지고 있다. 그뿐 아니라 소비생활에서도 "자신들의 재산은 그늘진 곳을 밝게 하는 데 소비되어야 한다"고 말한다.

그런데 우리나라의 세계적인 기업 삼성은 무엇 때문에 그렇게 많은 돈을 숨기기 위해서 차명계좌를 만들었을까? 세계적인 기업을 이끌고 있는 빌 게이츠의 아내 멜린다 게이츠가 아프리카와 제3세계의 굶고 헐벗은 사람들에게 시간과 정성 그리고 물질을 보내고 있는 반면 삼성 이건희 회장의 아내 홍라희 여사는 세계적인 미술관을 순회하면서 고가의 그림을 사들이는 수준 높은 문화생활을 즐기고 있다. 이 둘을 비교해 보라. 얼마나 다른가. 물론 어느 것이 더 바람직하다고 말할 수는 없지만 거대한 부富를 손에 쥐고 국민들의 삶에 많은 영향력을 행사하고 있는 기업인으로서 이러한 차이는 많은 생각을 하게 한다.

또 세계에서 두 번째 부자인 국제적 투자가 워렌 버핏은 440억 달러에 달하는 재산 대부분을 자선단체에 기부하기로 했다. 그는 자신의 재산을 세계에서 가장 심각한 '불평등' 문제를 해결하기 위해 쓰겠다고 발표했으며, 사망한 부인이 운영하던 '수잔 톰슨 버핏 재단'에 낙태 찬성 캠페인과 핵무기 폐지운동을 위해 기부금을 지급할 것이라고 말했다.

세계인의 '귀' 역할을 자임했던 CNN의 테드 터너는 세계를 움직이는 25인의 억만장자 중 한명이기도 하다. 그러나 그는 UN에 자신의 전 재산의 3분의 1에 해당하는 10억 달러를 내놓았고, 수많은 기부단체를 운영하며 핵무기의 위협, 인구과잉, 토양침식, 산성비 등과 관련한 많은 분야에서 노블리스 오블리제를 실천하고 있다.

영국의 대표적인 용족인 버진 유나이티드의 리처드 브랜슨 회장의 노블리스 오블리제도 주목할 만하다. 그는 최근 노벨평화상을 수상한 엘 고어와 함께 세계 환경문제 해결을 위해 노력하고 있으며, 지구 온난화의 주범인 이산화탄소를 흡수하는 장치를 개발하는 사람에게 2500만 달러의 포상금을 주겠다고 선언했다. 또 지구 온난화 방지를 위해 자기 재산의 절반인 30억 달러를 향후 10년간 기부하겠다는 계획도 발표했다. 그뿐이 아니다. 말라리아와 에이즈, 결핵 퇴치를 위한 사회활동을 벌이고 있고, 남아프리카공화국에 '기업가 학교School Enterprise' 그리고 천막을 만들어 캠퍼스를 순회하는 '국제순회대학'을 설립해 아이들의 교육에도 열정을 바치고 있다.

이외에도 이들의 행동이 귀감이 되어 엄청난 부를 축적한 디지털 테크놀로지 시대의 신흥부자들이 그들의 권리이자 의무인 노블리스 오블리제 실현에 많은 관심과 행동을 보이고 있다. 이들에 의한 물결의 파장은 카오스의 이론처럼 앞으로 더 큰 태풍으로 변해 우리의 삶에 영향을 미칠 것이다. 그러나 그 영향력이 어떠한 것일지 그리고 어느 정도의 힘을 가지고 있을지는 아무도 예측할 수 없을 것이다.

글로벌지수 테스트

1. 다른 나라 사람들과 같이 있어도 전혀 어색하지 않다.

2. 다른 나라의 음식에 거부감이 없다.

3. 말이 잘 통하지 않을 때는 표정이나 몸짓 언어로 의사전달을 한다.

4. 외국어를 몰라도 지도만 있으면 세계 어디든지 갈 수 있다.

5. 호기심을 자극하거나 잘 모르는 것이 있으면 인터넷을 통해 찾아본다.

6. 다른 사람들이 잘 모르는 전문 사이트를 10개 이상 알고 있다.

7. 컴퓨터를 이용해 인맥관리를 체계적으로 하고 있다.

8. 특정일을 정해 메일이나 자료를 분야별로 검색하고 정리한다.

9. 최근 나온 영화나 음악은 DVD로 관람한다.

10. 일 년에 한두 번 이상은 해외여행을 하는 편이다.

11. 해외에 나가면 만날 수 있는 친구들이 3명 이상 있다.

12. 해외에서 한 달 이상 혼자 지낼 수 있다.

13. 새로 나온 최신 디지털기기에 관심을 가지며 최신정보를 입수하기 위해 노력한다.

14. 게임이나 간단한 프로그램을 만들어본 적이 있다.

15. 국내, 해외 구호단체에 기부금을 내고 있다.

※ 10개 이상 긍정적인 답을 할 수 있다면 글로벌 지수가 높은 편이다. 그러나 개수에 상관없이 자신의 현실을 파악해보자. 단순히 기능적인 것을 갖추는 것보다 세계시민으로서의 자질을 갖추는 것이 글로벌 리더십의 최우선 과제다.

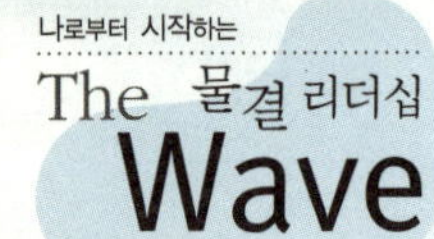

세상에 인내 없이 이룰 수 있는 일은 아무것도 없다.

재능만으로는 안 된다.

위대한 재능을 가지고도 성공하지 못하는 사람은 많다.

천재성으로도 안 된다.

성공하지 못한 천재는 웃음거리만 될 뿐이다.

교육만으로도 안 된다.

세상은 교육받은 낙오자로 넘치고 있다.

오직 인내와 결단력만이 무엇이든 이룰 수 있게 하는 것이다.

—캘빈 클리지

왜 우리는 그들을 글로벌 리더라고 부르는가

글로벌 리더십이란

　"파티복을 준비하면 파티에 갈 일이 생긴다"는 말이 있다. 학생들이 참 좋아하는 말이다. 나는 '국제문화와 리더십' 이란 과목을 강의하면서 국제무대라는 파티장으로 학생들을 초대한다. 그리고 마치 그들이 그 무대의 주인공이 된 것처럼 꿈꾸게 한다. 나는 학생들에게 "초대받은 파티에서 당신은 볼링공이 될 것인가, 볼링핀이 될 것인가?"라고 말한다. 그러면서 당당한 자신감을 가지고 스스로 움직이는 볼링공이 되어 주변 사람들을 주도적으로 이끌어야 한다고 도전한다.

　이제 글로벌이라는 말은 너무도 친근하게 우리 생활 가까이에 와 있다. 민족과 인종의 벽을 넘어서 이웃사촌처럼 편안하게 대화를 이끌어나가는 친숙함과 자연스러움 그리고 외국 사람들 앞에서도 어색해하거나 위축되지 않는 당당한 자신감이 바로 글로벌 리더십의 첫걸음이 아닌가 한다.

　세계 문화를 이해하고 세계 시민으로서의 매너와 역량을 갖추고 준민들레는 다른 꽃들이 가지고 있지 못한 특별함을 가지고 있다.
그 뿌리는 해열제로 이용할 수 있고 어린잎은 나물로 먹을 수 있으며
노란 꽃봉오리는 차로 즐길 수 있다. 그뿐 아니라 활짝 핀 꽃의
줄기를 엮으면 우리가 어렸을 때 한번쯤은 만들어본
예쁜 꽃반지가 된다. 어느 꽃들보다 훨씬
독특하고 다양한 활용이 가능하다.

— 이명진의 《민들레 리더십》 중에서

비한다면 당당하게 세계무대에 도전할 수 있는 기회가 찾아올 것이라 생각한다. 세계 시민으로서 갖추어야 할 자세란 각 나라와 민족에 대한 편견의 벽을 넘어 이문화異文化를 이해하고 받아들이는 자세다. 좋고 나쁨을 판단할 수 있는 절대적인 기준은 존재하지 않으며 모든 사회적 가치를 존중하는 것이 바로 문화상대주의 개념이다.

"글로벌 매너를 알아야 비즈니스에 성공한다" "글로벌 매너가 경쟁력"이라는 말이 있듯이 다양한 나라의 삶을 이해하고 받아들일 수 있는 마음가짐이 되어 있다면 국제무대에서도 당당하게 리더로 설 수 있을 것이다. 그러기 위해서는 스스로 성공한 리더라고 생각하고 준비해야 한다. 철저한 자기관리와 책임의식을 가지고 리더의 자질과 덕목을 익혀 나간다면 어느 순간 준비된 파티복을 입고 화려한 몸짓을 하고 있는 자신의 모습을 발견하게 될 것이다. 여기서 파티는 세계무대에서 만남과 기회의 장場을 말한다.

시테크로 유명한 윤은기 박사는 '매력이 경쟁력이다' 라고 말한다. 그래서 리더들도 권력형 인간에서 매력형 인간으로 변해야 한다고 한다. 매력적이고 호감을 얻을 수 있는 사람만이 글로벌 리더로 성장해 갈 수 있다는 것이다. 사람들의 마음을 움직이고 그들에게 잔잔한 파도를 일으킬 수 있어야 또 다른 영향력을 만들어 낼 수 있는 것이다. 그런데 왜 이렇게 글로벌 리더십이 중요하게 우리의 삶에 영향을 미치고 있는 것일까? 그것은 세계화로 인해 리더십의 영향력이 점차 국가의 경계를 넘어 밖으로 퍼져나가고 있기 때문이다. 이러한 세계화의 바람이 본격적으로 불기 시작한 것은 소련이 붕괴된 이후부터다. 이로 인한 정치·경제의 변화가 정보통신, 인터넷 등의 발달로 이어졌고 전 세계가 하나로 뭉치는 계기가 된 것이다. 즉, 동서의 문화, 남북의 이념이 하나가 되었다는 의미다. 이러한 세계화로 인해 나타난 특징은 다음과 같다.

1. 세계 각국의 의존관계가 더욱 활발해졌다.
2. 각 나라의 지역경제가 글로벌화 되었다.
3. 나라 간의 문화와 의식이 한 울타리로 묶였다.
4. 동서이념이 약화되면서 경제 전쟁이 시작되었다.
5. 각 나라의 인권문제가 부각되기 시작했다.
6. 여성의 역할 증대되고 세계화에 앞장서기 시작했다.
7. 문화의 영역이 중요시되기 시작했다.

따라서 리더십에 대한 가치와 기준도 다양한 형태로 달라지지 시작했다. 기존의 폐쇄적이고 수직적인 리더십에서 세계와 우주로 무한히 퍼져가는 수평의 리더십인 물결 리더십으로 변화한 것이다. 물결 리더십은 이러한 글로벌 리더십의 개념을 폭넓게 대변하고 있다. 그렇다면 글로벌 리더란 어떤 사람일까.

세계 이곳저곳을 마치 자신의 안방처럼 드나들면서 그들의 역량을 마음껏 발휘하는 사람 그리고 돈과 명예를 한 손에 쥐고 막대한 영향력을 행사하는 사람, 우리는 그들을 글로벌 리더라고 부른다. 또 그들이 발휘하고 있는 탁월한 역량을 글로벌 리더십이라고 한다. 미국 경제전문지 《비즈니스 2.0》은 2007년도 스타 CEO들의 성공키워드를 단순함, 피드백, 긍정적 마인드, 뚝심, 도전, 신뢰 등 6가지로 정의했다.

또 숙명여자대학교 문화관광과의 '국제문화와 리더십' 이란 강의에서는 성공하는 글로벌 리더들이 가진 그들만의 키워드가 무엇인지 학생들과 함께 조사하고 토론을 벌였다. 그 결과 다음과 같이 크게 4가지의 범위에서 30개의 키워드를 찾을 수 있었다.

1. 휴머니즘(인간적 매력)

겸손, 매너, 매력, 자기개발, 도덕성, 진실성, 배려, 신뢰성, 경청.

2. 실천하는 능력

실행력, 임파워먼트, 인재확보, 창조성, 창의력, 균형성, 단순함.

3. 진실한 친화력

화술, 유머, 설득력, 흡인력, 네트워크, 신바람, 포용력, 칭찬.

4. 끝없는 전진

통찰력, 추진력, 도전, 열정, 신념, 비전.

물의 특성을 닮은 글로벌 리더의 10가지 특성

《나로부터 시작하는 물결 리더십 The Wave》는 사람들에게 물과 같은 리더가 되라고 말한다. 물과 같이 사람의 마음속으로 유연하게 스며들 수 있어야 조직 내에서 성과를 이끌어낼 수 있고 자신도 모르는 외부의 영역까지 영향력을 발휘할 수 있다.

소크라테스는 "지도자는 물과 같이 외유내강外柔內剛해야 한다"고 했다. 오늘날 성공한 글로벌 리더들은 물의 특성을 골고루 가지고 있다. 물과 같은 성격을 지닌 리더만이 오늘날 세계와 우주를 뛰어넘는 무한대의 영역까지 그 영향력을 발휘할 수 있기 때문이다. 물론 모든 리더들이 물의 특성을 완벽하게 가지고 있는 것은 아니다. 어떤 사람은 다소 과하게 또 어떤 사람은 조금 부족하게 가지고 있다. 그러나 이러한 사람들이 세계적인 영향력을 발휘할 수 있었던 것은 그들이 자신의 부족함을 쇄신하기 위해 자신이 가진 장점을 최대한 발휘하려고 노력했기 때문이다. 그리고 이들의 이러한 노력은 많은 사람들의 삶을 행복하게 만들었다.

물과 같이 생각하고, 대화하고, 행동하는 리더는 온 우주에 새로운 화학반응을 일으켜 자신이 생각하지도 못한 엄청난 영향력을 가진 물결을 만들어 낸다. 군더더기 없는 S라인으로 끝없이 새로운 파도를 일으키는 것이다.

숙명여대 학생들이 찾은 글로벌 리더의 30가지의 키워드를 우리 삶에 절대 없어서는 안 될 물의 특성에 맞춰 다음과 같이 10가지로 정리해봤다. 물의 특성을 잘 정리한 진리의 산책(http://blog.daum.net/ wavez-zang)님의 글을 참고로 했음을 밝혀둔다.

1. 물의 평등성

– 서비스 지향적인 사고를 가져라

물은 겸손의 표상이다. 물은 절대로 남보다 높아지려고 하지 않으며 언제나 가장 낮은 자리가 어딘지를 찾아 그곳을 자신의 자리로 삼는다. 어디가 높고 낮은지 누구의 키가 크고 작은지를 정확하게 비교해주고 똑같아질 때까지 스스로 낮은 쪽을 돕는다.

배려와 신뢰

배려와 신뢰는 동전의 양면과 같다. 배려한다고 하지만 신뢰하는 마음이 없다면 완전한 배려는 될 수 없다. 일단 직위나 권위라는 계급장을 어깨에 울러매고 나면 뭔가 모르게 힘이 들어가고 자신의 권위로 모든 것들을 움직일 수 있다는 착각에 빠진다. 배려와 신뢰는 리더의 그릇만큼 나타나는 역량이다.

김인식 감독의 수평적 리더십이 재계에서 주목을 받은 적이 있다. 김인식 감독은 지시보다는 수평적인 토론문화를 정착시키고 스타선수들에게 겸손을 가르쳤다. 또 "다 좋은데 말이여, 이건 이렇게 해봐" "사람이 던지는 건데 왜 못 때려" 같은 말들로 선수들의 자존심을 세워주었다.

그런 따뜻한 말 한마디는 나중에 조직이나 팀에 대한 충성심으로 되돌아오게 마련이다. 사람들은 김인식 감독을 '나비효과'의 성과를 건져 올리는 철저한 외우내강형 리더라고 말한다. 선수들을 신뢰하고 배려하는 여유와 배짱이 없다면 절대로 나올 수 없는 평가다. 때문에 믿음의 야구를 구사하는 최고의 덕장, 성공할 때까지 기다려주는 지도자고 존경받는 것이다.

이것은 과거의 위계형 조직문화가 수평적 조직문화로 옮겨가는 반증이라고 사람들은 말한다. 김인식 감독은 목전의 이익이 아니라 미래를 내다보고 길게 호흡하는 미래형 리더상으로 믿음의 인간경영을 보여주었다. 현재 많은 국내기업가들이 김인식 감독의 리더십을 배우려 하고 있다.

스포츠는 기업의 경영과 비슷하다. 직원들이나 선수 모두가 하나의 목표를 바라보고 성과를 내야 하기 때문이다. 그래서 성공하는 기업을 보면 멋진 팀플레이를 통해 승리하는 한편의 스포츠 경기를 보는 것 같다. 미국의 농구 감독인 존 우든은 모든 팀원들에게 스스로 엄청난 잠재력을 가지고 있다는 것을 믿으라고 말한다. 팀의 성공을 자신의 성공이라고 믿고 열심히 하는 사람을 인정하고 칭찬해 보라. 그러면 팀원들은 자신의 숨은 잠재력을 발휘하기 시작할 것이다. 놀랍게도 전혀 예상치 못한 팀원이 탁월한 기량을 발휘하는 경우도 종종 있다. 리더는 각 팀원의 숨겨진 잠재력의 창고를 열고 그것을 끌어내는 것을 사명으로 생각해야 한다. 유능한 리더는 팀원의 잠재력을 효과적으로 끌어낼 줄 안다.

링컨은 자신이 선택한 부하를 믿지 못하는 것은 내 안에 거대한 장애물을 가지고 있는 것과 같다고 말할 정도로 부하를 신뢰하는 것을 리더십의 기본으로 삼았다. 노키아의 CEO 올리 페카 칼라스브우오는 "리더는 자세를 낮춰 고객과 사원들의 소리에 귀 기울이고 밖으로부터 아이디어를 구할 줄 알아야 한다"면서 "나는 1990년 36세 때 CFO에 오른 이후 눈앞에 주어진 일만 잘해서는 리더가 될 수 없다는 것을 알았다. 리더는 다른 사람들이 일을 만들고 실행할 수 있도록 도와야 한다. 리더가 혼자서 할 수 있는 일은 거의 없다. 그러나 팀원들과 함께 할 수 있는 일은 매우 많다"고 동료에 대한 믿음과 신뢰를 중요시했다.

'언제나 믿음이 통제보다 좋다.' 리더를 생각하면 꼭 떠오르는 말이다. 서비스 리더십, 서번트 리더십과도 상통하는 오늘날의 리더십에는 상대방에 대한 믿음과 배려가 바탕이 되어 있어야 한다. 그렇지 않으면 리더로서 영향력을 발휘하지 못할 것이다.

켈의 법칙Kel's law이라는 것이 있다. 상하 간의 심리적 거리는 직급 간 거리의 제곱에 비례한다는 말이다. 사원과 사원 간의 거리를 1로 할 때, 직급의 차이로 인한 사원과 관리자의 거리는 2가 된다. 그리고 사원의 입장에서 볼 때 사원과 관리자 간의 심리적 거리감은 4가 되는 것이다. 그렇기 때문에 윗사람의 작은 지적이나 질책이 아랫사람의 입장에서는 큰 부담으로 다가오는 것이다. 무심코 던진 돌멩이에 개구리가 맞아 죽는다는 말처럼 지나가듯이 던지는 리더의 말 한마디 한마디에 아랫사람들은 큰 상처를 받을 수도 있다. 따라서 리더는 상대방의 입장에서 배려하고 신뢰하는 마음을 가져야 한다. 그리고 이러한 배려와 신뢰가 조직을 성장시키는 데 얼마나 큰 역할을 하는지를 알아야 한다. 그래서 칭찬을 언제 어디서나 무한히 던져줄 수 있는 마음의 꽃다발이라고 하지 않던가.

사원들은 팀장에게 칭찬을 들으면 하루 종일 즐겁고 행복하다. 그리고 본부장이나 임원에게 칭찬을 들으면 한 달이 행복하다. 하물며 최고경영자로부터 "이번 프로젝트 자네의 아이디어라면서? 잘했어"라는 칭찬을 듣는다면 어떻겠는가. 이렇듯 영향력 있는 리더의 말은 사막에 물을 쏟아 붓는 것처럼 조직원들에게 고스란히 흡수된다.

알렉산더 대왕과 부케팔로스 애마에 관한 유명한 일화가 있다. 말과 그 말을 부리는 주인과의 사이에서도 신뢰와 믿음의 온기가 통한다는 것을 이 일화는 보여준다. 부케팔로스는 일반 말과 비교할 수 없을 정도로 거친 성격이었다. 누구도 그 말을 길들일 수 없을 것이라고 걱정했지만 일렉산더는 말에 대한 믿음과 배려라는 특유의 다스림을 통해 말과 친해지게 되었다. 결국 그 말은 알렉산더 대왕의 목숨까지 지켜주는 충복이 되었다. 알렉산더는 날뛰는 부케팔로스를 끈으로 묶지 않고 진정할 때까지 오랜 시간 기다려주었다. 그리고 서로의 성격과 마음을 알 수 있을 때까지 충분한 시간을 보냈다. 또 많은 전투를 함께 하면서 서로가 원하는 것이 무엇인지 체온으로 감지할 수 있을 정도로 가까워졌다. 그후 알렉산더는 인도인과 전투를 치르다가 포위되었는데 사방에서 알렉산더를 향해 화살이 빗발치고 있는 상황이었음에도 불구하고 부케팔로스는 수많은 적들이 포진한 적진을 돌파해 알렉산더를 구해냈다. 그러나 부게팔로스는 급소에 화살을 맞은 채 쓰러져 죽고 말았다.

이 일화는 상대방을 진심으로 신뢰하고 배려하면 결국 마음이 통하게 된다는 것을 말하고 있다. 만약 이러한 마음으로 자신의 조직원들을 대한다면 그들은 조직을 위해 최선을 다할 것이다.

사회에는 다양한 분야의 회사와 조직이 있다. 그 회사에 따라 요구되는 리더의 자질이 조금씩 다르긴 하지만 탁월한 리더십을 발휘해 성공한 리더의 공통점은 고객이나 모든 동료, 직원들에게 서비스 지향적이라는 점이다. 만약 리더들이 외부의 고객을 대하는 마음으로 내부의 팀원들을 대한다면 그 조직은 아마 튼튼한 기업으로 성장해갈 수 있을 것이다. 우리나라의 대표적인 서비스 리더십의 소유자인 박종필 퍼시픽에어 대표는 서비스 리더의 특징을 다음과 같이 정리했다.

첫째, 고객옹호자customer champion다. 즉 상대방의 입장에서 이해하고 이야기할 수 있는 사람이다.

둘째, 서비스 비전을 가지고 있다. 싱가포르의 한 병원의 서비스 비전은 "당신의 어머니를 모시고 싶은 병원"이라고 한다.

셋째, 높은 가치기준을 가지고 있다. 젝 웰치 전 GE 회장은 6시그마를 통해 무결점에 도전할 정도로 완벽한 서비스 품질을 목표로 했다.

넷째, 현장 리더십 스타일이다. 'Be seen, Be heard, Be there'라는 말처럼 현장에서 고객을 대하듯이 정성스런 자세로 일해야 한다.

다섯째, 성실성이다. 리더는 남에게 책임을 전가하는 사람이 아니라 자신이 직접 책임을 지는 사람이다.

2. 물의 포용성

– 사람을 품어라

> 물은 표면장력에 의해서 자신의 몸은 작게 하고 주변의 물을 끌어들이는 힘이 있다. 물은 동그랗든, 네모든, 세모든 그릇의 모양을 탓하지 않는다. 또 플라스틱, 알루미늄, 스테인리스, 도자기, 유리그릇, 나무그릇 등 그릇의 재질도 탓하지 않는다. 단지 자신에게 의지하는 모든 것을 받아들이고 낮은 곳으로 옮겨 준다. 그리고 기다릴 줄 안다. 물은 상대방도 알지 못하는 구멍이나 틈새를 찾아내 상대방이 스스로 고칠 수 있도록 알게 해준다.

마음 경영

사람들은 혼자서 세상을 살아갈 수 없다. 인간은 사회적 동물이기 때문에 다른 사람들로부터 도움을 받고 도움을 주며 살아가야 한다. 그런데 자신보다 다른 사람의 마음을 헤아릴 줄 아는 것이 성장의 지름길이다. 그리고 공동으로 해야 하는 일이 있다면 자신의 편의보다 공동체를 위해 때로는 희생할 줄도 알아야 한다.

GE의 제프리 이멜트Jeffrey. R. Immelt 회장은 "자신보다는 조직을 위하고 그 조직 안에서는 타인을 우선시하라"고 말했다. 리더는 다른 사람을 이해하고 그 사람들의 마음을 읽어낼 줄 아는 능력이 있어야 한다. 기술 경영보다는 결국은 마음 경영이 중요하다는 얘기다.

웅진그룹의 윤석금 회장은 본부장 회의를 할 때 리더십에 대한 강의를 많이 한다. 웅진그룹은 판매회사다 보니까 판매원들의 이직률이 높다. 그리고 판매원들의 이직은 바로 매출 감소로 이어진다. 윤석금 회장은 "이 사람은 이래서 싫고 저 사람은 저래서 싫다고 하면 같이 일할 사람은 아무도 없다. 그래서 리더는 사람들의 장점을 바라보고 그 사람들을 가슴에 품을 수 있어야 하는 것이다. 이 사람은 이 점이 좋고 저 사람은 저래서 좋고 그래서 각자 한 가지씩 좋은 점들을 모으면 엄청나게 큰 힘을 발휘할 수 있다"고 말한다.

서로 다르기 때문에 우리는 다 같은 것이다. 그 다양성을 인정하면서 함께 가는 사람이 훌륭한 리더다. 이러한 리더가 되기 위해서는 자신의 마음을 경영할 줄 알아야 한다. 잘 비워진 휴지통과 같아야 하는 것이다. 그래야 많은 사람들이 언제든 자신에게로 와서 마음속에 가득 차 있는 찌꺼기들을 비울 수 있기 때문이다. 그런데 리더의 마음이 온갖 쓰레기들로 가득 차 있다고 생각해 보라. 아마 휴지조각 하나 담아내지 못하고 다 튕겨버릴 것이다. 여기서 말하는 휴지는 결국 부하 직원들의 가슴속에 가득 찬 불만과 하소연 그리고 그들의 생각과 이야기다. 다시 말하면 들어주는 것만으로도 훌륭한 리더가 된다는 것이다.

'빅마우스'와 '스몰토크'라는 말이 있다. 어떤 리더는 주변 사람들에게 항상 거창하게 보이고 싶어 한다. 그리고 말을 할 때도 큰 개념을 사용한다. 말은 맞지만 어쩐지 마음에 썩 와닿지 않는다. 그런 리더들 곁에는 사람들이 별로 모이지 않는다. 사람들이 앞에서는 수긍하는 것 같지만 사실 그에게 마음을 주지 않기 때문이다.

내가 아는 어떤 사람은 선거철만 되면 굉장히 바쁘다. 모든 정당의 정책과 주장을 비교 분석하고 비판해야 하기 때문이다. 그는 매일 여러 신문을 읽고 온갖 정보들을 검색한다. 한 번씩 그 사람의 이야기를 듣고 있으면 우리나라가 금방 부자가 되어 잘 살 것만 같다. 그런데 아는 것이 많아서 평소에 듣지 못했던 정보를 들을 수 있어 좋기는 하지만 자주 만나고 싶지는 않다.

반대로 은은하게 사람을 끌어들이는 사람이 있다. 조근조근하게 '스몰토크'를 구사하는 사람이다. 이들은 크고 거창하게 말하지 않는다. 일상적이고 아주 사소한 이야기를 하기 때문에 항상 사람들이 그 말에 귀를 기울인다. 그리고 웃음과 재미가 있다. 스몰토크를 하는 사람들을 자신을 대단하다고 말하지 않는다. 오히려 물처럼 격의 없이 항상 자신을 낮추면서 공감대를 이끌어낼 줄 안다. 그렇기 때문에 주변사람들이 전혀 마음의 부담을 느끼지 않고 자신의 마음을 편안하게 열어놓는다. 그들에게는 "어머, 세상에! 진짜에요?" 같은 맞장구가 자주 터져나온다. 이처럼 스몰토크는 사소하고 작은 말들로 사람들의 마음의 장벽을 허무는 큰 힘을 가지고 있다. 이는 마음을 훔치는 작은 카리스마라고 말할 정도로 큰 영향력을 가진 대화법이다.

리더는 먼저 자신을 알고 다른 사람을 섬길 줄 알아야 한다. 또 사람들을 모으면서 사회에 기여할 줄도 알아야 한다. 글로벌 리더들을 위한 자아경영이라는 주제로 열렸던 구본형 변화경영연구소 소장의 특강에 다녀온 적이 있다. 이 특강에서 들었던 가슴에 와닿는 사례가 있어 소개하겠다.

옛날 중산군이라는 사람이 있었는데 하루는 가신들을 불러 큰 잔치를 벌였다. 잔치는 풍성했고 맛있는 음식들이 오고 갔다. 잔치에는 양고기 국물이 나왔는데 마침 국물이 부족해 사마자기라는 사람에게 그 몫이 돌아가지 않았다. 사마자기는 이것을 자신에 대한 모욕이라 생각하고 이웃나라 왕을 설득하여 중산군을 공격하게 했다. 싸움에 진 중산군은 피신을 하게 되었는데 한 번도 본적이 없는 젊은 형제 두 사람이 중산군을 지켜주었다.

"저의 부친께서 살아계실 때 배가 고파 쓰러져 있었는데 중산군께서 찬밥 한 덩이를 주셨습니다. 부친은 그 찬밥 한 덩이로 목숨을 건지셨습니다. 부친께서 돌아가실 때 유언하시기를 만일 중산군에게 어려운 일이 닥치면 꼭 목숨을 걸고 보답하라고 하셨습니다."

이 말을 들은 중산군은 하늘을 보고 탄식했다. "베푼다는 것은 많고 적음의 문제가 아니구나. 상대방이 정말 어려울 때 돕는 것이구나. 상대방의 원한을 사는 것도 역시 크고 작음의 문제가 아니라 사람의 마음을 상하게 하는 문제다. 나는 한 그릇의 양고기 국물로 나라를 잃었고, 한 덩이의 찬밥 때문에 목숨을 구했다."

삶이란 이처럼 오묘한 것이다. 은혜와 원한이 모두 마음에서 나오기 때문이다. 당신이 누군가의 상사라면 작고 사소한 일이라도 소홀이 하지 말아야 한다. 그리고 서로 간의 마음이 흐를 수 있는 통로를 만들어야 한다.

사람의 마음을 얻는다는 것은 천하를 얻는 것과 같다. 천하를 얻을 수 있는 리더가 되기 위해서는 우선 자신의 마음을 잘 경영할 수 있어야 한다.

무함마드 유누스Muhanmmad Ynus는 자신의 마음을 잘 경영한 대표적인 리더다. 1970년대 방글라데시는 자연재해와 기아로 거리에 굶어 죽는 사람이 넘쳐났다. 방글라데시 사람들에게는 희망이 없어 보였다. 경제학자였던 유누스는 강의실에서 강의하는 것만으로는 세상을 구할 수 없다고 생각하고 직접 그들에게 도움을 줄 수 있는 길을 찾기 시작했다. 그는 '신용은 모든 인간의 기본적인 권리'라는 생각을 가지고 1983년 '그라민은행'을 설립했다. 그리고 보증이나 담보 없이 신용 하나만으로 제도 금융으로부터 소외되었던 가장 가난한 사람들에게 소액 융자를 해주었다. 유누스는 이들이 인간의 존엄성을 잃지 않고 자신들의 운명을 스스로 개척하도록 도움을 준 것이다. 그는 많은 사람들에게 우리가 꿈꾸기만 하면 가난 없는 세상을 건설할 수 있다는 희망을 보여주었다. '인간'에 초점이 맞춘 유누스의 그라민은행은, 돈은 정말 필요한 사람들에게 쓰여야한다는 것을 '실천'을 통해 보여주었다.

'빈자의 대부' 무함마드 유누스는 "수백만의 작은 사람들이 일을 통해 놀라운 발전을 이룰 수 있다"는 것을 굳게 믿었다. 제도 금융이 가난한 사람들에게 갖고 있던 편견과 고정관념을 뒤엎는 획기적인 소액신용융자는 방글라데시 인구의 10퍼센트가 넘는 240만 가구의 운명을 바꾸어놓았을 뿐 아니라 전 세계 60여 개국에서도 그 가능성이 입증돼 많은 사람들이 희망과 꿈을 갖고 더 나은 생활을 할 수 있도록 도와주었다. 그라민은행의 이런 성공은 인간이 고통을 받도록 태어난 존재가 아니라고 믿었던 한 경제학자의 신념의 결과였다.

3. 물의 용해성

– 사람을 볼 줄 아는 안목을 키워라

물은 존재하는 모든 물질 중에서 가장 우수한 용매다. 좋은 재질이든 나쁜 재질이든 접촉하는 대로 용해하고 우려낸다. 물은 생명에 해로운 것도 생명에 이로운 것도 그저 자신에게 돌아온 그대로 어느 것도 차별하지 않고 무엇이든 녹여낸다. 많은 물질들이 물 속에 용해되어 있으며 생명체는 생명을 유지하기 위해 이것들을 필요로 한다. 그래서 물은 모든 생명체에 절대적으로 필요한 물질이다.

인재 경영, 임파워먼트

최고의 리더는 최고의 동지들과 파트너십을 형성해야 한다. 유비와 제갈공명 그리고 빌 게이츠와 스티브 발머처럼 리더가 성공하기 위해서는 최고의 파트너가 있어야 하는 것이다.

'인사人事가 만사萬事'라는 말이 있다. 리더십에 관심 있는 사람이라면 결코 지나칠 수 없는 말일 것이다. 특히 '사람' 경영의 중요성이 대두되고 있는 요즘 같은 시대에는 가장 가슴에 와닿는 말이기도 하다. 특별히 조직을 경영하고 있는 경영자가 아니더라도 자신의 인생에 리더가 되어야 하는 우리들에게 '사람'이란 매우 중요한 요소가 아닐 수 없다. 누구를 만나느냐에 따라 '인생'이 달라지기 때문이다. 그런데 조직에서는 사람 그 자체도 중요하지만 어떻게 사람을 경영할 것인가 하는 문제도 중요하다.

LG그룹 구본무 회장은 "좋은 조직문화의 핵심은 직원들이 자기 일에 가치를 느끼게 하는 것"이라고 말했다. 직원들이 자기 일에 가치를 느끼게 하는 것, 그것이 바로 여기서 말하는 임파워먼트다. 자신이 하는 일에 재미를 느끼고 자부심을 느끼며 성취감을 느낄 때 조직의 목표는 달성된다. 이러한 임파워먼트를 통한 생산성과 효율성의 극대화가 조직에서 리더가 감당해야 할 중요한 역할이다. 각 구성원들이 자신의 분야에서 최고의 성과를 낼 수 있도록 효과적으로 임파워먼트할 수 있어야 하는 것이다. 그러나 사람 경영은 공장의 생산시스템을 다루는 것과는 아주 다르다. 수많은 변수가 복합적으로 따라다니기 때문이다.

나는 지점 직원들에게 최고의 자부심을 심어주기 위해 그들이 지금 하고 있는 일이 얼마나 중요한지를 깨닫게 해주었다. 한 가정의 가장으로서 가족의 미래를 책임져야 하고, 또 그들을 기다리고 있는 고객들을 책임져야 하기 때문에 고객을 만나는 매 순간마다 얼마나 최선을 다해야 하는지를 알게 해준 것이다. 물론 그들이 할 수 있는 일과 할 수 없는 일 그리고 잘하는 일과 못하고 있는 일은 분명히 있다. 그래서 나는 그들이 잘못하는 점보다 잘하고 있는 점을 칭찬하고 독려하는 것이 훨씬 더 효과적이라고 생각하고 매일 아침 미팅시간마다 직원들에게 자신이 잘 하고 자신 있는 것 한 가지씩을 다른 사람 앞에서 발표하게 했다. 다른 사람 앞에서 자신을 열어 보인다는 것은 여러 가지 면에서 큰 효과가 있을 것이란 생각이 들었기 때문이다. 이렇게 하자 일단 자신의 생각을 말로 표현하는 능력이 향상되었다. 그리고 자신이 발표해야 하는 날에는 뭔가 공부를 하고 준비를 했다. 또 다른 사람들의 노하우나 정보를 공유할 수 있었고 자신이 발표한 것을 되도록 지키려고 노력했다.

이러한 시간을 정기적으로 가져보니 잘못된 것을 지적하고 질책하는 것보다 몇 배 이상의 효과가 있었다. 발표 기회는 한 사람당 한두 달에 한 번씩 왔기 때문에 준비하고 반성할 수 있는 시간은 충분했다.

흔히 우리는 콩나물과 대나무와 같은 인재가 있다고 말한다. 콩나물은 물을 주면 모두 흘려보내지만 꾸준하게 무럭무럭 성장한다. '이 정도밖에 안 되는 사람이 어떻게 이런 일을 할 수 있을까'라는 생각이 들었던 사람이 조금씩 성장해서 나중에는 자신의 몫을 크게 해내는 경우가 있는데, 이런 사람을 콩나물과 같다고 한다.

대나무와 같은 사람도 있다. 대나무는 일정한 기간 동안 전혀 성장의 흔적을 보이지 않다가 5~6년 뒤에 갑자기 훌쩍 성장해 버린다. 이런 사람들은 "아니 평소에는 절대 그런 생각을 못할 것 같았는데 어떻게 그런 아이디어를 냈지?"라는 소리를 듣곤 한다. 리더는 자신의 직원이 콩나물과 같은 사람인지 대나무와 같은 사람인지를 알아볼 수 있는 안목을 가져야 한다. 그래야 그 사람의 특성에 맞게 성장시킬 수 있는 것이다. 21세기에는 이런 인재를 발굴하거나 스카우트하는 인재의 전쟁이 본격적으로 일어날 것이다.

마이크로소프트의 빌 게이츠 회장은 핵심인재를 확보하고 그들로부터 무한대의 헌신과 몰입을 이끌어내는 능력을 가지고 있다. 빌 게이츠는 "인생에서 가장 탁월한 의사결정이 무엇이었냐?"는 질문에 "폴 앨런과 스티브 발머를 최고경영자로 영입한 것"이라고 했다. 또

"앞으로는 인재영입을 위한 전쟁이 가장 중요하다. 세계적 금융회사인 골드만삭스가 우리의 가장 강력한 경쟁자가 될 것"이라고 말했다. 그뿐 아니라 "우리 회사의 최고 인재 30만 명만 이직시키면, 그 팀은 곧바로 또 하나의 MS로 비상할 것"이라고까지 했다. 즉, 회사의 유능한 인력이 빠지면 모든 상품은 순식간에 퇴물이 될 것이라고 경고한 것이다. 이처럼 빌 게이츠는 인재의 중요성을 강조했고 그들의 역량을 이끌어내는 임파워먼트를 최고의 능력이라고 추켜세웠다.

전 GE 회장인 잭 웰치 역시 사람에게 극진한 관심을 갖고 투자하는 리더다. 그는 "미래 지식기반 경제는 인적자원이 핵심이다. 경영자의 가장 중요한 역할은 인적자원의 개발, 곧 임파워먼트다. 경영자는 한 손에는 물뿌리개를, 다른 한 손에는 비료를 들고 꽃밭을 가꾸는 사람과 같다"는 유명한 말을 남기기도 했다. 또 "나는 시간의 75퍼센트를 핵심인재를 찾고, 채용하고, 배치하고, 평가하고, 보상하고, 내보내는 데 썼다"고 밝혔다.

직원들의 잠재력을 극대화해서 탁월한 성과를 창출한 대표적인 경영자 중 한 사람이 메리케이 코스메틱의 메리케이 회장이다. 그녀의 리더십에는 인간에 대한 근본적인 사랑과 존중, 배려, 격려, 인정, 경청, 칭찬이라는 인간관계의 핵심이 전부 포함돼 있다. 그녀는 이윤을 극대화하기 위한 유일한 방법은 사람에 대한 사랑을 극대화하는 것이라 믿었고, 자신의 가장 중요한 임무는 직원들을 행복하게 해주는 것이라고 생각했다. 메리케이는 황금률이라는 경영방침을 가지고 회사를 운영했다. 황금률이란 자신이 대우받기를 원하는 만큼 다른 사람을 대우하는 것이다. 그녀는 "직원을 만날 때마다 그들의 가슴에 '나는 존중받고 싶다'라고 쓰인 목걸이가 걸려 있다고 생각하고 직원들을 대한다"고 말했다. 그리고 매년 최고의 실적을 달성한 뷰티컨설턴트에게 핑크색 캐딜락을 선물함으로써 직원들의 열정에 불을 붙여주곤 했다. 그녀는 "북적대는 방에서 누군가와 이야기할 때는 그 방에 우리 둘만 있는 것처럼 대해야 한다. 모든 것을 무시하고 그 사람만 쳐다보라"고 하면서 직원들에 대한 사랑과 경청의 자세를 실천했다.

많은 경영자들이 직원들의 헌신을 이끌어내기 위해 높은 급여, 직업의 안정성, 훌륭한 복리후생을 들고 나온다. 하지만 진심으로 직원을 사랑하고, 존중하고, 성장을 도와줄 수 있는 방법은 그것 말고도 얼마든지 있다. 메리케이 회장은 우리에게 이 방법을 가르쳐 주고 있다.

리더와 매니저의 가장 큰 차이는 임파워먼트 능력이라고 할 수 있다. 매니저는 단순히 구성원들이 지시 사항에 맞게 업무를 처리하는지 확인할 뿐이지만, 진정한 리더는 구성원들이 자신의 능력을 최대한 발휘할 수 있도록 열정을 불어넣어 준다. 구성원의 잠재력을 최대한으로 이끌어내기 위해서는 능력을 발휘할 수 있는 환경을 조성해야 하는데 그중에서 가장 중요한 조건이 권한 위임이다. 구성원 개개인의 권한을 확대해 영향력을 발휘할 수 있는 반경을 넓혀줘야 하는 것이다. 직원들은 자신이 회사에 영향력을 끼칠 수 있다는 것을 자각하면 수동적인 자세에서 능동적인 자세로 바뀐다. 그리고 이러한 열정은 생산성을 높이는 데 기여한다.

이나모리 가즈오稻盛和夫 교세라 회장은 임직원들이 능력을 최대한 발휘하고 보람을 느낄 수 있도록 '아메바 조직'을 창안했다. 아메바 조직이란 고정된 형체가 없는 아메바처럼 회사 전체를 공정별, 제품 군별로 나눈 뒤 독립채산제로 운영하는 것이다. 교세라에는 약 3000개가 넘는 아메바 조직이 지금도 꾸준히 모양과 형체를 달리하면서 세포분열을 하고 있다.

그런데 효과적인 임파워먼트가 무조건 권한을 위임하는 것만은 아니다. 가장 중요한 것은 명확한 비전과 원칙을 제시하면서 권한을 위임하는 것이다. 리더는 회사가 가고자 하는 방향을 명확하게 제시해 구성원들이 의사결정을 할 때 우선순위를 구분할 줄 알게 해야 한다. 그리고 만약 실패했다면 질책하기보다 격려해야 한다. 실패의 유무가 중요한 것이 아니기 때문이다. 실패 후에 실패에 대한 두려움이 생기면 새로운 것을 시도하는 것을 기피하려 든다. 훌륭한 리더는 직원들의 실패를 책망하지 않고 오히려 격려하여 임파워먼트가 더욱 능동적이고 적극적으로 이루어 질 수 있도록 이끄는 사람이다.

또 리더는 위임한 것을 끝까지 확인하고 피드백해야 한다. 위임한 권한을 행사할 때 너무 열심히 하다 보면 자신이 잘하고 있는지 잘 모를 때가 있다. 그뿐 아니라 지나친 권리의 남용으로 조직의 병폐와 낭비가 나타나기도 하는데 이는 생산성과 효율성을 떨어뜨리는 주요 원인이 된다.

4. 물의 전체성

– 무한한 상상력의 세계를 가져라

우리 앞에 놓여있는 한 컵의 물은 서로 무관해 보이지만 사실은 하나의 거대한 우주의 순환시스템 안에서 순환되는 태초 이래의 자연의 증인이다. 최초에는 수소(H_2)와 산소(O_2)였지만 긴 우주여행을 통해 태양계와 지구에 도달해 생명을 잉태했고 쥬라기공원의 공룡들이 놀던 호수의 물이 되었다. 그 물이 우리 조상들의 몸을 타고 하늘의 구름이 되었다가 비가 되어 내려와 여기 컵에 담겨 있다.

상상력과 창의력

기존의 수직적 리더십은 오늘날 요구되는 수평적 리더십으로 점차 바뀌어야 한다. 그 이유는 리더십의 범위가 바로 '통제의 원'인 임파워링 리더십에서 '상상의 원'인 감성 리더십과 '무한대의 원'인 글로벌 리더십의 영역까지 확대되고 있기 때문이다. 기존의 리더십은 이미 포화 상태다. 포화 상태인 시장에서는 더 이상 나눠먹을 파이가 없다. 뭔가 새로운 먹거리를 찾아야 한다.

기업의 신성장동력은 리더의 상상력과 창의력에 있다. 예를 하나 들어보겠다. 정원사와 정비사가 있다. 정비사는 고장난 차량 내부의 시스템을 점검하고 고장난 부분을 찾아내 원래의 기능을 회복시켜주기만 하면 된다. 매뉴얼대로 문제를 파악하고 고장난 부분을 수리하면 유능한 정비사가 되는 것이다. 그런데 정원사는 어떤가? 정원사에게는 화단을 어떻게 꾸미고 꽃을 어떻게 키울 것인가에 대한 매뉴얼이 없다. 화단을 어떤 모양으로 가꿀 것인가는 정원사의 상상력과 창의력에 의해서만 가능하다. 꽃의 색깔을 다르게 할 수도 있고 다양한 모양의 꽃을 피고 지게 할 수도 있다. 이것은 정원사의 예술적 상상에 의해서만 가능하다. 여러분들은 정비사 같은 리더인가? 정원사 같은 리더인가?

기존의 방식은 이미 새로운 존재방식이 아니다. 뭔가 기존의 것을 뛰어넘고 차별화할 수 있는 경쟁력을 가지고 있어야 한다. 창조력과 상상력은 개인의 능력이기도 하지만 국가와 기업에게는 필수적인 생존 조건이기도 하다. 무한한 상상력으로 세계인들의 가슴에 꿈과 희망을 가져다 준 스티븐 스필버그를 생각해보자. 스필버그의 상상력으로 만든 영화는 진지한 드라마든, 요란한 판타지든 관객의 가슴을 두근거리고 즐겁게 만들었다. 그는 유아적 상상력을 소유한 예술가로 바다에서의 태고의 공포 그리고 하늘에서의 초자연적인 경이를 천재적으로 표현해냈다. 찰스 데리는 아이와 같은 천진난만함과 거기에서 비롯된 풍부한 상상력 없이는 그렇게 할 수 없을 것이라고 했다.

스필버그는 "나의 고민은 상상력의 전원이 꺼지지 않는다는 것이다. 나는 항상 설렘을 가지고 잠에서 깨기 때문에 아침식사를 할 수 없을 정도다. 나는 기운이 모자라서 무엇을 못해본 적이 없다"고 말할 정도로 넘치는 상상력과 열정적 에너지를 가진 사람이다. 쥬라기 공원 등 부가가치가 높은 영화를 만들어 천문학적인 재산을 모은 스필버그는 한국을 방문한 자리에서 "영화는 21세기의 기적"이라고 표현했다. 영화는 사람을 웃기거나 울리는 정서적인 부분에 영향을 줄 뿐 아니라 많은 교훈도 주기 때문에 사람들에게 감동을 줄 수 있도록 제작되어야 한다. 그리고 이러한 영화를 만들려면 끊임없이 아이디어를 창출해야 한다.

아무리 기계가 발달해 사람들의 생활이 편리해졌다 해도 사람의 마음을 움직일 수 있는 능력은 오로지 사람의 몫이다. 상상력과 창의력은 사람의 마음을 움직이게 할 수 있는 힘이다. 비디오 아트의 창시자이며 원하는 것은 무엇이든지 예술로 만들어낸 현대예술의 살아 있는 신화 백남준을 모르는 사람은 없을 것이다. 그는 뛰어난 창의력과 도전정신으로 설치미술, 행위미술, 새로운 예술 도구의 개발 등 대중매체 문화형성에 크게 기여했으며 예술의 새로운 지평을 열고 언어를 재해석한 선구자적인 존재다. 그는 언제나 발상의 전환을 통해 자유와 새로움을 추구했다.

1963년 쾰른의 마리 바어마이스터의 아틀리에 퍼포먼스 〈피아노를 위한 습작E'tude for Pianoforte〉에서 백남준이 전시회에 참석한 세계적인 작곡가 존 케이지의 넥타이를 잘라버리고 소품으로 진열된 피아노를 도끼로 깨부순 일은 너무도 잘 알려진 사건이다. 넥타이는 멜 수도 있고 자를 수도 있으며, 피아노 역시 연주할 수도 있고 두들겨 부술 수도 있다는 것을 깨닫게 해준 기행奇行이었다. 이러한 기행은 '불확실성 없는 창조란 있을 수 없다'는 것을 보여준 것으로 창조가 얼마나 어렵고 중요한 것인지를 우리시대의 젊은이들에게 깨우쳐준 대표적인 예라고 할 수 있다.

또 오늘날 번뜩이는 아이디어와 창조성으로 많은 이들의 가슴에 꿈과 희망을 안겨준 월트 디즈니는 만화라는 장르를 당당한 예술로 만들어냈다. 그는 꿈, 믿음, 용기, 실천이라는 자신만의 철학에서 벗어난적이 없다. 이러한 네 가지의 원칙을 바탕으로 한 그의 창조력은 그에게 상상할 수 없는 영광을 가져다주었으며, 지금까지 꿋꿋하게 그 명성을 이어오면서 세상의 많은 아이들을 디즈니의 마법 속으로 초대하고 있다. 월트 디즈니는 "돈이 없으면 아이디어를 실행에 옮길 수 없어 괴롭긴 하지만 나는 그것에 목매달진 않는다. 나를 목매달게 하는것은 무한한 상상력과 끝없는 아이디어다. 어째서 몇 푼 안 되는 투자금을 아끼려고 기회를 놓지는 것인가?"라고 말하기도 했다. 이것이부富에 대한 그의 철학이다.

투자금을 아끼려 했던 사람들은 월트 디즈니의 상상력과 창조력이영화와 텔레비전, 뮤지컬, 테마파크 등 여러 가지 문화상품으로 확대되리라고는 예상치 못했을 것이다. 그러나 안타깝게도 월트 디즈니역시 생전에 자신이 만든 디즈니랜드를 보지 못했다. 하지만 디즈니랜드 직원들은 "아닙니다. 월트도 이곳을 봤습니다. 그래서 이곳이 생겨날 수 있었습니다"라고 말한다. 이것이 아직도 디즈니가 디즈니다울 수 있는 힘이다. 월드 디즈니는 모든 사람이 가지고 있는 꿈을 일순간이나마 실현시켜주었다. 디즈니랜드의 한 레스토랑에는 이런 말이적혀 있다. "이 공간은 방문객이 기적의 왕국 그리고 탐험의 왕국으로여행을 시작하는 곳입니다. 이곳은 다빈치, 줄 번, 에디슨, 라이트, 디즈니 같은 자유로운 신화 창조자들이 머물렀던 공간입니다. 여기서현실은 훼방꾼일 뿐입니다." 이 얼마나 멋진 말인가?

월트 디즈니는 직원들의 상상력과 창의력을 높이기 위해 모든 조직을 수평으로 만들었다. 그리고 그 수평 조직이 오늘날 많은 기업들의 조직 관리에 귀감이 되고 있다. 월트 디즈니의 조직 관리 7단계는 다음과 같다.

1. 기능이나 부서 중심이 아니라 기업의 전략적 목표와 일치하는 '핵심 과정'을 중심으로 조직을 만든다.
2. 감독업무를 줄이기 위해 분리된 과업을 결합시키고 부가가치를 내지 못하는 작업들은 제거한다. 그리고 각 과정에서의 활동도 최소한으로 줄인다.
3. 조직의 기본 골격으로 팀을 만들고 감독자의 역할은 되도록 제한하며 측정 가능한 팀의 공동목표를 제시한다.
4. 평가의 기준을 주식이나 이윤이 아닌 고객만족으로 삼는다.
5. 개인의 업적이 아니라 팀의 업적을 평가한다. 인재 육성은 전문 노하우보다는 복합적 기술을 개발하는 방향으로 한다.
6. 직원들이 공급자와 고객을 직접, 정기적으로 만나게 하며 팀이 작동하면 소비자와 공급자를 한 팀으로 묶는다.
7. 모든 정보를 모든 직원에게 공개하는 것을 원칙으로 하며, 어떻게 하면 분석한 자료를 가지고 업적을 높일 수 있는가에 대한 교육을 실시한다.

5. 물의 행동성

– 추진력과 결단력을 계발하라

물은 어떤 심부름도 마다하지 않는다. 항상 움직이면서 행동한다. 한 곳에 정체되어 있으면 이끼가 끼고 더러워지고 부패하기 때문이다. 물은 스스로 행동하고 움직임으로써 주변을 맑고 깨끗하게 한다. 물은 꽃잎이든, 쓰레기든, 사람이든, 뗏목이든 자신에게 주어지는 물질의 모든 정보를 기억하고, 그 물질의 형태가 없어지더라도 그 정보를 그대로 전달해준다.

추진력과 결단력

리더십의 본질은 성과의 창출이다. 그리고 리더십을 구분하는 기본적인 기준이 바로 사람과 일이다.

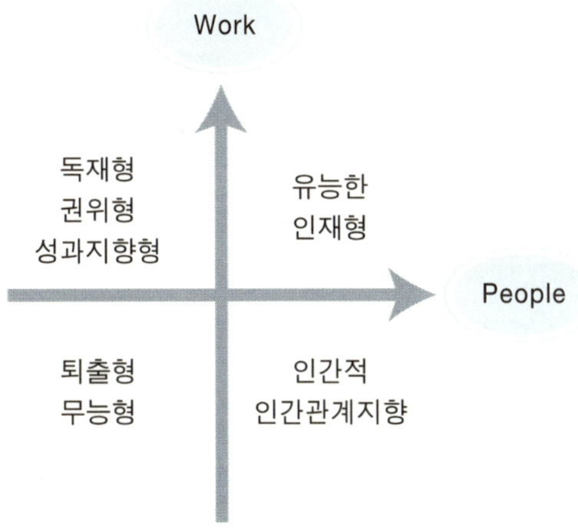

표에서 구분하는 것처럼 사람들과 좋은 인간관계를 유지하면서 좋은 성과를 내는 리더가 조직에서 바라는 바람직한 인재다. 그렇지

만 인간관계지향형 리더는 사람들과의 관계를 너무 중요시하기 때문에 조직의 성과를 내는 데 다소 무능하다. 그렇다고 지나친 경쟁이나 성과주의에 치우치다 보면 독재형이나 권위적인 모습을 보이게 된다. 물론 인간관계도 좋지 않고 성과도 내지 못하면 당연히 무능한 리더다.

직장인들을 대상으로 자신의 상사가 어떤 리더이기를 바라는지에 대해 물어보면 재미있는 현상이 나타난다. 과거에는 획일적이고 통제형의 리더십이 대부분이었기 때문에 인간적인 유대관계를 중요시하는 리더가 인기가 있었다. 하지만 지금은 성과 위주의 치열한 경쟁 시대다보니까 인간적인 면은 조금 떨어지더라도 성과를 낼 수 있는 리더를 더 원한다고 한다. 그래야만 자신의 호주머니가 넉넉해지기 때문이다.

우리가 어떤 목표를 향해 매진하는 것을 '밀어붙인다'고 말한다. 이것은 리더의 결단력, 추진력과 관련이 있다. 어떤 일에는 항상 입장이 다른 사람들의 이해관계가 있게 마련이다. 때문에 어떤 일을 결정하면 다소 불리한 입장에서 손해를 보는 사람도 있고 또 그 결정에 불만을 가지는 사람도 나타난다. 보통 리더가 결정을 내릴 때는 49퍼센트와 51퍼센트 사이에서 갈등한다. 1퍼센트를 어느 쪽에 두는가는 리더가 판단해야 할 문제다. 그러나 결정을 내린 후에는 부정적인 입장을 취한 49퍼센트를 설득하고 수렴해야 한다. 그리고 이들을 어떻게 한 방향으로 이끌 수 있느냐에 대한 고민을 해야 한다.

이런 상황에서 리더는 바람직한 방향을 큰 비전으로 제시할 수 있어야 한다. 만약 리더 자신만의 독단적인 판단으로 일을 처리한다면 모든 조직원들의 참여를 이끌어내지 못할 것이다. 징기스칸은 "혼자 꾸는 꿈은 꿈이지만 여럿이 함께 꾸는 꿈은 현실"이라고 말했다. 모든 구성원이 큰 그림을 이해하고 동기부여가 된다면 절정의 순간은 금방 찾아올 것이다.

세계에서 가장 존경받는 기업의 가장 존경받는 경영자로 선정된 GE의 잭 웰치 회장은 "나는 내가 어디로 가고 있는지 알고 있고, GE의 전 구성원들도 내가 어디로 가고 있는지 알고 있다"고 했다. 또 "종업원들의 가슴을 울렁이게 할 수 있는 크고 대담한 비전을 창출하라. 그리고 모든 조직원들과 공유하여 한 방향으로 매진하게 하라. 이를 통해 보통 사람들은 꿈조차 꿀 수 없는 위대한 성과를 창출하라"고 설파하기도 했다. 그는 열 번 이상 말하지 않으면 한 번도 말하지 않은 것과 같다면서 직원들에게 기업의 장기 비전을 공유하는 일을 게을리 하지 않았다. 이러한 추진력이 결국 새로운 변화의 물결을 일으킨 것이다.

자연은 변화하지 않는 개체에 무자비하다. 급속도로 변화하는 요즘 같은 세상에서 살아남을 수 있는 조직은 규모가 큰 조직이 아니라 변화할 줄 아는 조직이다. 거대한 조직은 가만히 두면 빙산처럼 조금씩 녹아내린다. 찬바람을 불어넣지 않으면 단단하게 그 형체를 유지할 수 없을 뿐 아니라 흔적도 없이 사라져버릴 것이다. 잭 웰치는 끝없는 변화와 혁신을 통해 거대한 기업을 실리콘벨리의 벤처기업에서나 찾아볼 수 있는 날렵하고 유연한 기업으로 바꿔놓았다. 그는 6시그마,

워크아웃, 벽 없는 조직 등 오늘날 모든 기업에서 벤치마킹하고 있는 경영혁신 기법들을 창안해냈고 꽃피웠다.

닛산 자동차의 카를로스 곤Carlos Ghosn 역시 이러한 결정력과 추진력을 잘 보여준 리더다. 카를로스 곤이 취임할 당시 닛산 자동차는 2조엔이 넘는 부채와 여러 가지 문제를 가지고 있던 파산 직전의 '병든 공룡'이었다. 이러한 상황에서 카를로스 곤은 닛산자동차의 사장으로 취임했고 단 1년 만에 최대의 흑자 기업으로 닛산을 탈바꿈시켰다. 이로 인해 그는 2000년 말 《타임》지와 CNN이 공동으로 선정한 '세계에서 가장 영향력 있는 CEO'로 등극했다.

변화와 혁신의 리더로서 곤은 우리에게 두 가지 가르침을 주었다. 의도적인 위기의식의 조장과 짧은 시간 안에 놀라운 성과를 창출해내는 철저한 실행력과 추진력이다. 그는 "닛산은 침몰하는 배다. 우리는 불타는 갑판 위에 있다. 살기 위한 선택은 단 하나, 바다에 뛰어드는 것뿐"이라고 외치면서 직원들로 하여금 위기를 실감하게 했다. 또 "실행이 전부다. 아이디어는 과제극복의 5퍼센트에 지나지 않는다. 아이디어의 좋고 나쁨은 어떻게 실행하느냐에 따라 결정된다"고 말하면서 한번 결정한 것은 어떤 비판을 받더라도 끝까지 밀고가는 추진력을 발휘했다. 그는 "오늘날의 경영자 95퍼센트는 옳은 말만하는 데 그친다. 나머지 5퍼센트만 실행에 옮긴다"고 실행력 없는 리더들을 비판했다.

카를로스 곤은 분초를 다투는 위기상황에서 단순 명쾌하면서도 쉽게 달성할 수 있는 목표를 설정하여 긴장감을 불어넣는 리더였다. 그는 '닛산 부활'을 달성하지 못하다면 사퇴하겠다는 배수진까지 치면서 부활 계획을 저돌적으로 추진했다. 그리고 그에게 저항하던 조직 구성원들의 지지와 참여도 이끌어냈다.

이처럼 리더는 편안함에 안주해서는 안 된다. 사물을 꿰뚫어볼 줄 아는 통찰력과 뛰어난 추진력을 갖추어야 조직을 성공적으로 이끌어갈 수 있다.

6. 물의 에너지성

– 항상 주도적이고 열정적인 에너지를 가져라

물을 물로 보지 마라. 물은 항상 낮은 곳에 자리하지만 엄청난 에너지와 폭발성이 있다. 물은 평소에는 조용히 있다가 더워지면 수증기로, 추우면 얼음으로 또 날씨에 따라 눈이나 비로 주어진 환경에 따라 적응한다. 이렇듯 잔잔하고 조용한 무색 무취의 물이지만 폭풍우를 만나면 스스로 맹렬하게 솟아오르는 엄청난 기운을 발산한다. 강한 장력張力과 비등점沸騰點을 가진 물은 태양에너지를 적절하게 운용하여 또다른 에너지를 제공한다. 생명활동이란 자연의 모든 것과 물질과 에너지를 교환하는 것이다. 물이 가진 에너지에는 이 세상을 새롭게 만들 수 있는 열정이 있다.

주도성과 열정

물결 리더십은 'S' 리더십이기도 하다. 잔잔한 수면 위의 미세하게 출렁이는 물결의 모습은 누운 'S'자와 닮았다. 그러나 엄청난 비바람이 몰아치거나 격렬한 파도를 만나면 꼿꼿하게 선 'S'자형 물보라로 변한다. 잔잔하고 편안한 S자형 물결은 항상 낮은 곳으로 흐른다. 하지만 비바람이 몰아치면 물보라가 일어나 엄청난 파워를 과시한다. 그 폭발성과 에너지는 인간의 상상을 뛰어넘는다. 이러한 물의 특성을 닮은 성공한 리더들이 세계 곳곳에 존재한다.

돼지 우리 속에서는 힘센 새끼들이 탱탱한 젖꼭지를 문다. 젖이 콸콸 쏟아지는 젖꼭지는 언제나 힘이 있고 재빠른 새끼들의 몫이다. 마찬가지로 남성중심의 조직사회에서 탱탱한 젖꼭지는 언제나 힘 있고 약삭빠른 남자들의 몫이었다. 시대가 변하면서 여성들도 젖꼭지 대열에 합류하게 되었지만 여전히 할당제나 토크니즘Tokenism에 의한 구색 맞추기에 불과했다. 공갈 젖꼭지인 것이다. 그러나 이런 공갈 젖꼭지라도 좋아했던 여성들이 이제는 제법 실속 있는 젖꼭지를 차지할 줄 안다.

그동안 여성들에게는 여성 특유의 모성애 컴플렉스나 맏딸 컴플렉스 같은 심리가 있었다. "나 하나 양보하면 모두가 좋아하겠네"라는 마음을 가진 여성들이 많았다는 말이다. 그런데 실제로 그 자리는 양보의 자리가 아닌 희생의 자리였다. 양보에는 보상심리가 있다는 것을 여성 스스로도 잘 몰랐다. 그러나 현실 세계에서는 양보를 가장한 희생만 있었지 보상은 없었다. 여성들은 이러한 사실들을 나중에야 알아차렸다.

물이 낮은 자리로 임하고 양보하고 희생한다고 해서 절대 '물'로 보면 안 될 것이다. 내면에 꿈틀거리는 오기와 열정이 나중에는 엄청난 폭풍우가 되어 격렬한 파도를 일으키기 때문이다. 이러한 격렬한 파도를 보여준 대표적인 인물이 오프라 윈프리다. 그녀의 삶은 축복받았다고 하기에는 너무나 참혹했다. 미국 사회에서 흑인이었고 사생아였다. 또 가난했고 뚱뚱했을 뿐 아니라 미혼모기까지 했다. "그래서? 그게 뭐 어쨌다고?" 그녀는 어린 시절부터 스스로에게 이런 말을 던지며 자신을 지탱해왔다. 그녀가 만약 자신의 운명에 굴복하고 말았다면 보잘것없는 인생에 지나지 않았을 것이다. 그러나 그녀는 '운명이 나를 지배하도록 내버려두지 않겠다'는 당찬 오기를 가지고 자신의 운명을 주도적으로 개척해나갔다. 아마 강을 역류하는 것과 같은 고통이었을 것이다. 하지만 그녀는 사회가 그녀에게 준 편견의 젖꼭지를 과감하게 거부하고 젖이 콸콸 쏟아지는 튼튼한 젖꼭지를 당당하게 찾아냈다.

그녀가 처음 TV 프로그램을 진행했을 때 "저 사람이 도대체 누구지?"라는 질문이 쏟아졌다. 그리고 사람들은 그녀가 아무리 뛰어나다 해도 토크쇼는 역시 "필 도나휴야!"라는 생각을 바꾸지 않았다. 오프라 윈프리에게 필 도나휴는 도저히 넘을 수 없는 산맥처럼 보였다. 토크쇼의 탱탱한 젖꼭지는 필 도나휴가 물고 있었던 것이다. 하지만 최고를 향한 오프라의 투지와 도전은 꺾이지 않았다. 그리고 마침내 그녀는 필 도나휴를 넘어선 신화를 창조했다. 그녀가 대중적인 인기를 얻으면서 성공할 수 있었던 이유는 바로 진실을 향한 열정이 있었기 때문이었다.

오프라 윈프리처럼 모성애를 긍정적인 무기로 사용해 성공한 여성

주자들은 이외에도 많이 있다. 그중 대표적인 여성 CEO는 루슨트 테크놀로지의 패트리샤 루소Patricia F. Russo다. 2001년 당시 루슨트 테크놀로지는 무리한 사업 확장으로 심각한 위기에 빠져 있었다. 그러나 그녀는 취임한 지 2년도 안 돼 기업의 수익을 흑자로 돌렸놓았고 루슨트의 주가를 무려 13퍼센트나 상승시켰다. 그녀의 리더십의 가장 큰 특징은 권리를 버리고 사람의 마음을 얻는 것이었다. 그녀는 결정을 내리기 전에 중간 간부들의 의견에 먼저 귀를 기울였다. 그리고 직원들의 정리해고를 선택하기보다 그들의 사기를 북돋아주어 그들의 능력을 충분히 발휘할 수 있도록 격려했다. 또 직원들에게 비전을 제시하기 위해 노력했고 먼저 다가가 그녀 특유의 서비스 리더십을 발휘했다. 그 이후 그녀는 '역전의 챔피언'이라는 영예를 얻게 되었다.

또 한명의 여성 CEO는 미국의 화장품회사 에이번 프로덕트의 안드레아 정Andrea Jung이다. 그녀는 낡은 저가 상품을 생산한다는 회사의 이미지를 탈바꿈시켜 주가를 무려 500퍼센트나 끌어올렸다. 그녀는 침체된 조직을 살리기 위해 과감하게 성과가 낮은 사업을 통폐합했으며 그뒤 직원들의 사기가 떨어지지 않도록 직원들의 마음을 감싸는 데 전력을 다했다.

직원들의 감성을 파고들어 그들의 자발적인 참여와 활동을 유도했으며 9.11테러와 중국의 사스파동으로 인한 아시아시장의 위기에서도 위기관리 능력을 마음껏 발휘했다. 목표와 비전을 제시하되 실전에서는 직원들에게 무한한 재량과 책임을 강조했던 그녀는 다 죽어가던 사업을 기적적으로 회생시키는 탁월한 리더십을 발휘했다. 안드레아 정은 2004년 《포춘》지에 이베이의 멕 휘트먼, 칼리 피오나에 이어 미국의 여성기업인 3위에 올랐다.

기업 경영의 주도성과 열정이 여성 기업가에게만 국한된 것은 아니다. 앤드류 그로브Andrew Grove는 인텔을 세계최우량 기업으로 만든 일등공신이다. 그는 인텔을 침몰 위기에서 건져내는 데 막강한 힘을 발휘한 경영자다.

"경영을 하는 모든 사람들은 자신의 실수를 인정하면 어렵게 얻어낸 존경심을 잃을지도 모른다고 생각합니다. 하지만 실수를 인정하는 것은 강함과 성숙함, 공명정대함의 표시입니다." 세계 컴퓨터 시장을 주도한 경영자로서 합리적이고도 인간적인 모습을 보여준 앤드류 그로브의 리더십 스타일을 잘 표현한 말이다.

앤드류 그로브는 '오직 한 가지 일에만 집중하는 편집광만이 살아남는다'는 신념을 가지고 있었다. 그는 "기업 경쟁력을 결정짓는 6가지 요소인 경쟁 정도, 소비자의 힘, 공급자의 힘, 진입장벽의 정도, 대체제의 존재여부, 보완제의 힘 가운데 한 가지라도 급격한 변화가 생긴다면 기업은 생존의 갈림길에 서게 되는데, 이러한 격변의 징후를 감지하는 능력인 편집광적인 집중력이 없으면 변화에 대응하지 못해 몰락한다"고 말한다. 이처럼 사소한 것 하나도 그냥 지나치지 않고 변화에 적극적으로 대응한 것이 인텔을 강한 회사로 성장하게 한 원동력이었다.

그는 대부분의 직원들을 개방된 공간에서 일하게 하고 경영자와 사원 간의 벽을 허물어 서로의 목표를 공유하고 정보를 교환하게 하는 등 철저한 실적 중심의 경영 기법으로 고품질 경영을 주도했다. 그리고 팀 중심의 경영, 토론에 의한 경영, 엄격한 규율준수에 의한 경영을 통해 인텔을 세계적인 기업으로 올려놓았다. 또 "스스로 채찍질하지 않으면 경쟁에서 금방 뒤지게 된다. 자기만족이야말로 기업 경영의 가장 큰 적이다"라고 주장하며 직원들에게 계속적인 도전과 개척정신을 심어주었다.

그뿐 아니라 치솟는 주가는 모든 상처를 치유한다며 인센티브나 스톡옵션을 통해 직원들의 성취욕을 고취시켰는데, 여기에는 그의 주도성과 열정을 뒷받침하는 고도의 심리가 깔려 있다고 할 수 있다.

결국 그는 자신을 중심으로 하는 '핵심의 원'에서부터 독립성과 철저한 자기 계발을 이뤄나갔고 이를 통해 '통제의 원'을 계속 확장시켰다. 또 이러한 과정에서 높은 지위에 올랐을 뿐 아니라 끊임없는 도전과 창조정신으로 '상상의 원'을 무한히 넓혀갔다. 그리고 '무한대의 원' 안에 긍정적이고 적극적인 자신만의 에너지를 넣어 많은 사람들에게 희망의 메시지를 주었다. 결국 앤드류 그로브는 세계 컴퓨터 업계에 지대한 영향력을 행사한 글로벌 리더로 성장했다.

7. 물의 활력성

– 어느 자리에서든지 웃음과 끼를 발휘하라

물은 갈증 외에도 아름다움, 윤택함, 풍요로움을 떠올리게 한다. 물 없이는 깨끗함을 실현할 수 없으며 풍요로움을 찾을 수도 없다.

물은 상쾌하다. 목욕과 세안은 기분을 전환시켜주며 폭로 소리, 시냇물 소리, 파도 소리 등은 듣는 것만으로도 우리의 정신을 맑고 쾌적하게 해준다.

가뭄에 단비가 내리듯이 물은 뭔가 긴장되고 삭막한 분위기에 윤기와 탄력을 가져다준다. 물은 우리생활에 깨소금 같은 청명함으로 활력을 불어넣는다.

유머와 화술

미래학자 앨빈 토플러는 "지식정보화 시대로 대표되는 21세기는 지식 못지않게 감성을 중요시하는 사회가 될 것"이라고 예견했다. 실제로 효율성만을 추구하던 과거와 달리 신뢰, 자긍심, 재미 같은 감성 에너지를 중시하는 사회가 바로 21세기의 모습이 되었다. 오늘날은 지식이나 IT 능력만큼 유머감각이 핵심적인 능력이라고 한다. 한 설문조사에 따르면 대부분의 여성들은 유머감각이 있는 남자를 선호하는 것으로 나타났다. 직장인들 역시 유머감각 있는 상사나 동료를 좋아한다고 대답했다. 이처럼 요즘 시대에는 사람이든 기업이든 재미Fun가 관건이다. 뭔가 재미있어 보이는 곳에 사람들이 모여드는 것이다.

넘쳐나는 정보의 홍수 속에서 무감각하게 살아가는 현대인들은 이성적이고 논리적인 이야기에 더 이상 박수를 보내지 않는다. 그들은 오감을 자극하여 마음을 열게 하는, 생각지도 못한 곳에서 허를 찌르며 반전을 경험하게 하는 기발하고 따뜻한 말 한마디에 감동한다. 특히 리더의 한 마디는 큰 영향력을 발휘한다. 상황에 맞는 재치 있는 농담은 효과적인 의사소통을 이끌어내기도 하고, 서로 닫혀 있는 마음의 벽을 한 순간에 무너뜨리는 역할을 하기도 한다. 또 긴박하고 어려운 순간을 자연스럽게 반전시키거나 경직된 조직의 스트레스를 일순간에 날려버린다.

리더의 유머 속에는 여유, 자신감, 배짱, 애정이 담겨 있다. 찰리 채플린은 미국 국민들이 경제공황으로 힘들어할 때 코미디를 통해 여유와 웃음을 주었고, 우리 역시 사오정 시리즈를 통해 IMF라는 어려움 속에서 잠시나마 웃음을 찾을 수 있었다. 이처럼 유머는 상황이 힘들고 어려울 때 더 큰 가치를 발휘한다.

또 유머는 경직된 생활에 활력을 불어넣어 준다. 노사 간의 갈등, 직장 상사와 직원 간의 갈등, 세대 간의 갈등, 가족 간의 갈등, 고부 간의 갈등 속에서 유머는 관계를 풀어주는 윤활유 같은 역할을 한다.

‘웃음이 명약’이라는 말도 있듯이 많이 웃을수록 삶의 활력은 증가하는 것이다. 이러한 유머를 가진 대표적인 리더가 바로 히딩크 감독이다. 그는 선수들과 격의 없이 어울리며 농담과 장난을 즐겼다. 그리고 유머를 적절히 사용해 딱딱한 분위기를 풀어주었다. 예를 들어 “크로스를 너무 높게 하면 추워서 공이 얼어버려요”라며 선수들의 잘못을 바로잡아주거나 기자회견 중 휴대폰이 울리면 “I like music”이라고 농담을 던지곤 했다.

스페인어 중에 카르페 디엠Carpe Diem이라는 말이 있다. 현재를 즐기고 순간에 충실하라는 말이다. 히딩크는 이 말처럼 유머를 통해 긴장된 선수들의 마음을 풀어주었고 그들이 경기를 즐길 수 있도록 환경을 만들어주었다. 그는 "오늘 경기는 어떻게 될 것 같습니까?"라고 묻는 기자들에게 "그냥 오늘밤을 즐기세요!"라고 대답했는데, 이는 그가 자신의 일을 어떤 시각으로 바라보고 있는지를 잘 보여주고 있는 대목이다.

버진그룹의 리처드 브랜슨Richard Branson은 "즐겁지 않은 것은 의미가 없다"라고 할 정도로 일과 인생에서 즐거움을 최고의 가치로 두었다. 그는 "버진 그룹은 즐거운 삶을 파는 회사다. 바보가 되더라도 다른 사람에게 즐거움을 주어라"고 말했다.

버진그룹은 즐거움을 파는 회사답게 종종 전 직원들과 함께 주말을 이용해 야영을 즐겼다. 리처드 브랜슨은 "나에게는 직원이 최우선이고, 두 번째가 고객이며, 세 번째가 주주다"라면서 가장 먼저 직원이 행복해야 한다고 말한다.

버진 콜라를 출시했을 때 그는 탱크를 몰고 뉴욕 타임스퀘어에 들어가 코카콜라 간판에 대포를 쏘는 이벤트를 벌였는가 하면, 웨딩 서비스 업체인 '버진 브라이드'를 시작했을 때는 직접 웨딩드레스를 입고 길거리에 나서기도 했다. 또 일본에서 캐나다까지 열기구를 타고 세계 일주에 도전했다가 불시착해 목숨을 잃을 뻔한 적도 있다. 이처럼 그는 갖가지 파격적인 행동으로 세상을 놀라게 한 경영자다. 그러나 그의 이 모든 행동은 철저한 비즈니스 마케팅 차원에서 이루어졌다. 스스로 움직이는 광고판이라 생각했던 그는 소비자에게 즐거움을 주고 일종의 게임처럼 호기심 넘치는 환경을 제공해야 성공할 수 있다는 신념을 가지고 있었다.

영원한 '딴다라'이고 싶다는 가수 박진영은 음악은 즐기는 것이라고 말한다. 그는 음악은 일이 되어서는 안 되고 그냥 즐기는 것이어야 한다고 생각하는 사람이다. 곧, 음학音學이 아니라 음악音樂이어야 한다는 것이다. '머리 좋은 사람은 노력하는 사람 못 따라가고 노력하는 사람은 즐기는 사람 못 따라간다'는 말이 있다. 음악가로서 그의 성공은 자신의 일을 즐기는 근성에서 시작되었다고 할 수 있다.

펀fun경영으로 조직의 생산성과 구성원의 결속력을 다진 사우스웨스트 항공의 허브 캘러허 회장 역시 유머경영으로 유명하다. 허브 켈러허는 사우스웨스트 항공사의 절대로 모방할 수 없는 경쟁력을 '사람'이라고 말한다. 그는 독특한 행동으로 종종 사람들을 놀라게 했는데, 어떤 날은 엘비스 프레슬리 복장을 하고 오찬석상에 나타나는가 하면 출근하는 직원들 앞에 토끼 분장을 하고 나타나 직원들을 놀래켜주기도 했다. 또 일요일 새벽 회사 청소원 휴게실을 찾아가 청소원들에게 도넛을 나눠주며 그들과 함께 직접 비행기 청소를 한 적도 있다. 그는 이러한 펀경영을 통해 직원들이 창의력과 상상력을 마음껏 발휘하도록 했다. 결국 그가 얻으려 한 것은 사람들의 마음이었다. 그는 내면에서부터 기쁘고 즐거운 마음으로 일할 수 있는 기업만이 초일류기업으로 성장할 수 있다고 확신했다. 그리고 이 신념은 엄청난 영향력을 발휘하여 내부 직원들에게는 물론이고 외부의 고객들에게까지 영향을 미쳤다. 사우스웨스트 항공은 미국인들이 가장 타고 싶은 비행기, 가장 일하고 싶은 기업으로 추앙받았고 46분기 연속 흑자, 30년 평균주가 수익율 1위, 세계에서 가장 존경받는 기업 2위를 차지하는 등 사람들로부터 아낌없는 찬사와 존경을 받았다.

우리나라에도 이와 같은 사례는 많다. 유통기업 성공경영의 8대 제언 중 첫 번째가 재미와 게임이다. 소비자에게 재미를 주고 일종의 게임처럼 호기심 넘치는 환경을 제공해야 성공할 수 있다는 것이다.

한미 파슨스는 '직원이 곧 고객'이라는 철학을 가지고 '훌륭한 일터' 만들기 활동을 벌이는 회사다. 매주 목요일에는 자기계발 시간을 갖게 하기 위해 오후 5시에 퇴근할 수 있도록 배려하고 있고 독서 릴레이, 그룹 워크숍, 칭찬합시다 캠페인 등을 실시해 조직에 대한 충성도와 재미를 높이고 있다.

삼성전자 서비스는 매달 축제와 같은 월례회를 여는 것으로 유명하다. 매월 개인과 단체의 목표달성에 대한 다채로운 시상을 할뿐 아니라 고객감동 우수사례 발표나 합창단 공연 같은 것을 전국의 현장으로 생중계한다. 이러한 활동 결과 삼성전자의 고객만족도는 5퍼센트 이상 향상되었고 이직률도 절반으로 낮아졌다고 한다.

웅진코웨이의 월례회 역시 하나의 재미있는 이벤트로 진행된다. 월례회에서는 시상식과 각종 전시회 등이 열리고 회사소식과 다른 부서의 활동상황을 한눈에 볼 수 있도록 하고 있다. 강사로 초청된 한 교수님은 전 직원들이 이렇게 재미있어하는 분위기는 처음이라고 말하기도 했다. 그뿐 아니라 회비 5000원만 내면 맥주를 실컷 마실 수 있는 호프모임이나 HAJA 같은 자기계발 프로그램들이 있어 직원들에게 큰 호응을 얻고 있다.

현대해상의 FUN경영도 주목할 만하다. 현대해상은 혁신활동, 팀워크 증진활동, 학습활동, 자부심활동, CEO커뮤니케이션 등 가장 많은 문화활동을 벌이고 있는 기업이다.

이처럼 기업문화는 발 빠르게 변화하고 있다. 그리고 이런 변화의 중심에는 유머와 재치를 가진 CEO들이 있다.

8. 물의 과감성

– 인생을 마치 모험처럼 즐겨라

> 물은 어디든지 간다. 인간과 짐승이 죽어 있는 곳이든, 핵폐기물과 환경 폐기물이 버려진 곳이든, 태풍과 해일이 몰고 간 곳이든 생명이 있는 곳에는 두려워하지 않고 찾아간다. 그리고 물은 생명수가 되고 삶의 활력수가 되어 모든 것을 정화시키고 정상으로 되돌려놓는다.

도전과 용기

최고가 되기 위해서는 끊임없이 모험하고 도전해야 한다. 리더는 항상 위기에 맞서 새로운 변화를 시도하는 사람이다.

경영학자 톰 피터스는 21세기 CEO는 CDO로 변해야 한다고 주장했다. Chief Executive Officer에서 Chief Destruction Office로 변해야 기존의 틀을 과감하게 파괴하면서 변화할 수 있다는 것이다.

변화의 의미는 기존의 것을 조금 개선하고 바꾸는 것이 아니라 혁신革新하는 것이다. 곧, 환골탈퇴換骨脫退하는 것이다. 그러나 리더가 과감한 변화를 감행하는 것은 결코 쉬운 일이 아니다. 엄청난 도전과 용기가 필요하기 때문이다. 하지만 성공한 리더가 되기 위해서는 이러한 도전을 즐길 줄 알아야 한다.

기존의 인식을 과감히 파괴하기 위해서는 고객에 대한 이해, 팀원에 대한 이해, 현 상황에 대한 이해가 바탕이 되어야 한다. 그리고 철저한 조사를 바탕으로 그룹 구성원들의 동의도 이끌어내야 한다.

웅진그룹의 비약은 이러한 바탕 위에서 시작했다. 회사가 어려움에 처했을 때 발상의 전환을 통해 새로운 영역에 도전한 것이다. 기업이든지 사람이든지 주어진 환경의 무게가 너무 무거우면 그 무게를 이기지 못하고 주저앉곤 한다. 그러나 여기서 머무르면 실패한 인생이 되고 만다. 이때가 기회라는 생각을 가지고 새로운 곳에 눈을 돌릴 수 있어야 하는 것이다. 웅진그룹은 그동안 많은 위기의 순간이 있었다. 그 첫 번째가 1980년도 후반의 오일쇼크 때 발생했다. 당시 경제 불황의 여파로 '과외급지법'이란 조치가 취해졌는데 이로 인해 웅진의 출판 사업은 큰 위기에 직면하게 되었다. 그러나 웅진은 이러한 위기를 기회로 삼았다. 책을 테이프로 제작하여 중·고교 학생들에게 보급한 것이다. 테이프는 과외를 하지 못하는 학생들에 폭발적인 호응을 얻었고 이로 인해 회사는 위기에서 벗어날 수 있게 되었다.

두 번째 위기는 불안정한 현금 회전으로부터 왔다. 당시 웅진은 전집이나 테이프를 한꺼번에 제작해 고객에게 판매한 후 매월 할부로 대금을 받곤 했는데 그러다보니까 현금회전율이 급격히 떨어졌다. 그런데 이러한 위기에서 나온 획기적인 아이디어가 바로 도서 대금을 일시불로 받고 매월 책을 보내주는 월간 학습지를 만들자는 것이었다. 웅진은 이 방법을 그대로 실행에 옮겼다. 그러나 그 당시에는 물류시스템이 좋지 않았기 때문에 학습 진도에 맞춰 책이 정확하게 도착하지 않는 상황이 자주 발생했다. 고객들은 차츰 불만을 토로하기 시작했다. 이러한 상황에서 고안해낸 것이 매주 교사가 각 가정을 방문해 직접 책을 갖다 주고 학생들을 지도하는 방안이었다. 학습지 교사시스템을 개발한 것이다. 결과는 대성공이었다. 학부모들은 이 방식을 너무도 좋아했다.

그 이후 웅진은 정수기를 대여 서비스를 시작했고 이는 오늘날 우리나라 생활가전의 서비스 혁신을 만들어냈다. "물과 환경은 점점 더 나빠지고 있는데 비싼 정수기를 꼭 사야 하는가. 물질은 다만 편리하기만 하면 된다. 그 이상도 이하도 아니다. 편리하게 빌려 쓰다가 싫증 나면 다른 제품으로 바꾸면 된다." 이러한 사고를 가지고 웅진은 환경과 건전한 생활문화를 선도하는 미래지향의 선진기업으로 재탄생할 수 있었다.

마사 스튜어트Martha Stewart의 도전과 용기도 우리에게는 귀감이 될 만하다. 세상에는 다양한 경험과 노하우를 가지고 자신의 분야에서 성공한 사람들이 많은데 마사 스튜어트도 그중 한 명이다. 그녀는 여자가 여자다울 때 가장 아름답고, 가장 멋지게 성공할 수 있다는 것을 우리에게 보여주었다. 가정생활과 관련한 서적을 출판해 억만장자의 대열에 오른 그녀는 그녀의 책 《마사 스튜어스-아름다운 성공》에서 일에 대한 성공은 열렬한 연애와 같다고 말했다. 그녀는 일상생활 속에서 삶을 변화시킬 사업 아이템을 자주 찾아내곤 했다. 또 주부의 일도 가치가 있고 그 자체가 훌륭하다는 것을 설파한 전도사였다. 그녀는 "정말 마사 같은 순간이야Martha Moment"라는 말을 탄생시킬 정도로 미국의 주부들에게 엄청난 영향력을 끼쳤다. 중상류층 취향의 화려하면서도 지나치게 사치스럽지 않고 세련된 인테리어를 의미하는 '마사 스타일'은 주부들에게 선망의 대상이 되었다.

노키아의 회장 요르마 올릴라Jorma Ollila는 새로운 도전으로 세계적인 기업을 만들어낸 경영자다. 그는 취임 3년 만에 130년 전통의 제지 회사를 통신회사로 탈바꿈시켰다. 그리고 지금은 세계 최대의 휴대폰 생산업체가 되었다. 올릴라 회장은 가능성 있는 시장을 정확하게 읽어냈고 과감한 의식개혁을 통해 노키아라는 통신회사를 세계적인 기업으로 만들었다. 그는 철저한 시장조사를 통해 한 걸음 먼저 통신시장에 뛰어들어 경쟁력을 키웠으며 비대해진 경영층과 임원진에 대한 살빼기 작업을 완료했다. 올릴라 회장의 성공비결은 다음과 같다.

첫째, 노키아는 환경변화를 기회로 삼아 사업을 적극적으로 다각화했다. 연구개발 센터를 설립해 지속적인 투자를 했고 생산부문에 필요한 시스템 구축에 심혈을 기울였다.

둘째, 연공서열을 깨고 능력 위주로 조직을 재편했다. 그는 경영진들을 열정적이고 영어에 능통한 젊은 층으로 과감히 교체했다.

셋째, 그는 노키아의 성공을 위해 무엇을 해야 하는지 정확하게 알고 있었다. 노키아는 사업 확장에 중점을 두기보다는 고객에게 네트워크 장비를 제공하는 통신사업에만 주력했다.

마지막으로 올릴라 회장은 독창적인 조직문화를 창조하고 이를 사업 성공의 거름으로 삼았다. 그는 창의적이며 영어에 능통하고 의욕적으로 일할 줄 아는 젊은 인재들을 키우는데 초점을 맞췄다.

이러한 올릴라 회장의 도전과 용기 그리고 파격적인 경영은 노키아를 세계적인 통신회사로 만들 수 있는 원동력이었다.

9. 물의 순환성

– 항상 배우면서 학습하는 자세를 가져라

만물의 순환은 물의 순환이다. 물은 지하로 스며들기도 하고 작은 하천이나 강을 통해 바다로 흘러가기도 하며 공기 중으로 증발하여 빗물의 일부가 되기도 한다. 물은 대기와 육지, 바다로 번갈아 가면서 끊임없이 순환한다. 이렇듯 물은 한 가지의 자원으로만 만족하지 않고 끝없이 발전하여 다른 자원으로 변신한다.

자기계발과 자기쇄신

일반적으로 성공한 리더들은 부지런하다. 이들은 끊임없이 배우고 노력해서 자신이 할 수 있는 영역을 서서히 넓혀간다. 세상은 다양하고 지식은 무한하기 때문에 많이 아는 사람은 그만큼 분야가 넓어질 수밖에 없다. 자꾸만 변해가는 사회에서 함께 발맞추어 변하지 않으면 도태되고 말 것이다.

앨빈 토플러는 "21세기 문맹은 읽지 못하고 쓰지 못하는 사람이 아니라 배우려 하지 않고 낡은 지식을 버리지 않는 사람이 될 것"이라고 말했다. 성공적인 기업가일수록 자기자신을 지속적으로 개혁한다. 빠른 외부환경 변화에 맞춰 기업을 경영하기 위해서는 경영자 자신이 변해야 하기 때문이다.

스타벅스의 하워드 슐츠는 회사의 위기가 올 때마다 자신을 개혁하는 것으로 위기를 이겨냈다. 그는 더 많은 책을 읽었으며 자신을 뛰어넘을 수 있는 체력을 단련하기 위해 운동에 매진했다. 그리고 회사의 모든 부류의 사람들이 역동적으로 활동할 수 있는 도전적인 환경을 만들어 자신과 같이 끊임없이 변화하도록 했다.

리더에는 두 종류가 있다. 권력을 가지고 상하관계를 유지하려는 리더와 항상 배우는 자세로 조직을 뒷받침하는 리더다. 물론 이 둘은 조화를 이루어야 한다. 조직원들을 가르칠 때는 엄격하고 카리스마 넘치는 자세로 있어야겠지만 때로는 배우는 자세로 조직이 어떻게 돌아가는지 파악해야 하는 것이다. 이것이 리더의 중요한 자질이다.

리더십은 또 '변화'해야 한다. 그런데 변화가 있으려면 자극이 필요하다. 물결 리더십의 중요한 원칙 중 하나는 물이 대기의 순환계를 도는 것처럼 리더 스스로 끊임없이 배우고 배운 것을 다시 가르치는 순환의 물결을 조직 내에서 일으켜야 한다는 것이다. 이러한 변화의 물결의 중심에는 스스로 변화를 창조하는 리더의 자기계발과 자기쇄신의 노력이 있어야 한다.

이런 리더십의 정신을 잘 보여주는 글로벌 리더가 세계 최초로 온라인 시장의 개념을 도입한 이베이의 전 CEO 멕 휘트먼Margaret C. Whitman이다. 멕 휘트먼은 프린스턴 대학에서 경제학을 공부한 수재다. 또 비즈니스 스쿨에서 경영학 MBA를 마치고 마케팅 사관학교 P&G와 베드엔드컴퍼니에서 컨설턴트로 일한 마케팅의 귀재다.

이베이의 경영자로서 휘트먼식 리더십은 개방성과 유연함으로 요약된다. "다스리지 않는 경영자, 경영하지 않는 경영자"라는 평을 받을 만큼 그는 스스로 튀지 않으려고 노력했으며 항상 겸손한 자세로 다른 사람들의 의견에 귀를 기울였다. 그는 "측정 불능이면 관리 불능(If you can't measure it, you can't control it)"이라고 말할 정도로 그래프 차트와 데이터를 중시했다. 데이터는 네티즌의 행동변화가 모든 것을 좌지우지하는 인터넷 업체에서 휘트먼이 믿는 최대 무기였다. 적을 알아야 승리할 수 있다는 것을 증명해 보인 휘트먼은 고객의 마음을 이해하고 움직이기 위해 그들의 행동변화를 빠르게 분석하고 그에 맞는 전략을 세웠다. 지금도 그녀는 마케팅 전략을 짤 때 '고객이 모든 것을 결정한다'는 메모를 수시로 들여다본다고 한다.

오늘날과 같은 정보화 사회에서는 '고객을 중시하는 것'이 기업 최고의 경영 전략이다. 멕 휘트먼은 고객이 원하는 일이라면 사업계획을 과감히 수정할 정도로 고객의 입장에서 모든 결정을 내렸다. 그녀는 실제로 "우리는 이 회사를 컨트롤 할 수 없다. 우리 혼자 이 회사를 세운 것이 아니다. 수백만 명의 파트너와 함께 세운 것"이라며 고객, 파트너, 동료의 입장에서 사업 계획을 세웠다. 지금은 "아시아가 이베이의 미래"라는 생각으로 IT의 주류를 이루는 아시아에서 온라인 마켓 플레이스 개념을 확대하고 있다. 그리고 아시아 시장을 통해 이베이를 한 단계 더 성장시키려는 또 하나의 개혁을 준비하고 있다.

또 그녀는 빠르게 변화하는 온라인 시장을 감지하고, 온라인이라는 장점을 살려 안전하고 빠르게 다양한 상품을 취급하는 소자본 창업 시스템을 마련했다. 결국 그녀는 지속적인 혁신과 끊임없는 자기계발 그리고 아이디어 창출에 직접적으로 참여해 회사의 매출을 100퍼센트 이상 성장시켰다.

이처럼 리더는 끊임없이 배우고 배운 것을 다시 다른 사람에게 가르쳐야 한다. 리더가 해야 할 가장 중요한 일이 바로 가르치는 일인데, 자신이 배운 것을 조직원들에게 나누어주고, 이해시키고, 따라올 수 있게 하기 위해서는 늘 배운다는 생각을 가지고 있어야 한다.

훌륭한 리더는 자신의 그릇을 스스로 평가할 수 있어야 한다. 리더의 자신감과 자기 확신은 엄격하고 철저한 자기훈련의 결과다. 사람에게는 누구나 장단점이 있다. 하지만 훌륭한 리더는 자신의 단점을 어떻게 보완하고 대처해야 하는지를 알고 있는 사람이다.

엄격한 자기훈련은 자신에 대한 긍정적인 사고와 책임감 없이는 불가능하다. 결국 미래의 리더는 먼저 자신의 기질과 역량을 계발하고 다른 사람들의 강점을 포섭하여 하나의 강력한 팀을 만들어 낼 수 있는 사람이다. 그리고 함께 끊임없이 혁신함으로써 최상의 성과를 지향하는 사람들이다. 그래서 리더십이란 자신을 올바로 이끌어 다른 사람을 매혹하고 그들의 마음을 얻어 함께 원하는 길로 나아가게 하는 힘인 것이다.

미국 현대문학의 아버지이자 돈과 사람을 알아보는 뛰어난 안목을 가지고 있었던 투기꾼이자 발명가인 마크 트웨인Mark Twain은 "세상에서 가장 뛰어난 칼잡이는 절대 2인자를 두려워하지 않는다. 그가 가장 두려워하는 칼잡이는 한 번도 칼을 잡아본 적이 없는 무지한 적이다. 그 무지한 적은 절대 예측할 수 없는 허를 찔러 그를 쓰러뜨릴 수 있기 때문"이라고 말했다. 가장 위험한 리더는 자신이 모르고 있는 것이 무엇인지 모르는 리더다. 자기계발을 하면 할수록 자신의 부족한 부분을 스스로 알게 되는 법이다.

10. 물의 청명성

– 윤리적이고 도덕적인 정신세계를 가져라

물은 감춤도 꾸밈도 없이 모든 사람이 자신을 바라볼 수 있도록 투명하게 자신을 내보인다. 또 자신을 희생하여 상대방을 정화시켜주는 깨끗한 자신의 세계를 가지고 있다. 그리고 아무리 더러워도, 어떠한 냄새가 나도 깨끗하게 씻어주고 청소해준다.

물은 모든 존재를 깨어나게 한다. 몇 년 가뭄 속에 잠자던 씨앗도, 피로에 지친 인간도, 숨죽이며 기다리던 세균도, 물은 모든 존재를 깨우고 생기를 불어넣어 생명활동을 촉진시킨다. 물이 없는 곳에는 생명도 없다.

도덕성과 투명성

아무리 자신의 분야에서 성공한 리더라 하더라도 그 기업이 영속성을 가지기 위해서는 도덕성morality이 있어야 한다. 리더는 한 조직의 대표이기도 하지만 이전에 하나의 인간이다. 인간으로서의 가장 기본적인 도덕 규칙을 준수하는 것이 리더의 마땅한 도리다. 이익에만 급급해 회사 전체의 발전을 그르치는 일을 하거나 무분별한 방법들을 동원해 합법적이지 않은 방향으로 조직을 이끄는 리더는 순간적인 이익은 낼 수 있겠지만 지속적인 성장은 이루지 못할 것이다. 올바른 원칙과 중심이 있어야 하는 것이다.

KT의 민영 초대 사장으로 민영기업의 기틀을 마련하는 데 온 힘을 기울였던 이용경 사장은 이사회 중심의 경영과 내부 윤리 시스템을 도입하여 경영의 투명성을 강조했다. 이용경 사장의 경영 철학은 편법을 경계하는 원칙 경영이다. 그는 "정보화 사회에서는 투명하고 공정한 경영으로 신뢰받는 기업만이 살아남을 수 있을 것"이라고 내다봤다. 또 "경영자는 깨어있는 자세로 편법에 대한 유혹을 경계해야 한다"면서 "기업은 다양한 이해관계자들이 상호 작용하는 생물체와 같은 조직이기 때문에 서로 신뢰하는 풍토를 만들어 기업 활동에 전념할 수 있도록 경영진의 솔선수범하는 자세가 절대적으로 필요하다"고 말했다. 그는 이러한 자세가 주주와 경영진, 경영진과 직원 간의 불신과 반목을 털어낼 수 있는 유일한 길이라고 봤다. 그리고 이러한 상호 간의 신뢰와 합리적인 업무처리는 회사 이익에 큰 기여를 할 뿐 아니라 효율적인 경영의 초석이 될 것이라고 했다.

투명하고 공정한 경영은 고객과의 사이에서 거짓이 없다는 것을 말한다. 그리고 고객과의 사이에 거짓이 없다는 것은 모든 구성원들이 움츠리는 일 없이 당당하게 일할 수 있다는 것을 의미한다.

"나는 한국의 아름다운 왕따이고 싶다"고 말했던 성주인터내셔널의 김성주 사장이 세계적인 리더로 인정받을 수 있었던 것은 이러한 도덕심과 윤리의식을 바탕으로 자신의 한계를 넘어서는 법을 알고 있었기 때문이다. 그녀가 처음 한국에서 사업을 시작했을 때 거래처 사람으로부터 한국에서 사업에 성공하려면 술, 흰 봉투, 거짓말을 잘해야 한다는 말을 들었다. 그러나 정직하게 하지 못할 바에는 차라리 안 하는 것이 낫다고 생각한 김성주 사장은 '부패와의 전쟁'을 시작해 정직하지 못한 모든 관행들을 거부했다. 그는 사람에게 가장 기본적이고 필수적인 것이 '정직'이라고 생각했다. 속임수나 잔꾀는 오래가지 못한다. 정직해야만 장기적으로 크게 성공할 수 있는 것이다.

호주 부동산 업계의 떠오르는 별로 주목받고 있는, 청소년들이 가장 닮고 싶어 하는 CEO 존 맥그라John McGrath 역시 그의 책《성공의 정석》에서 정직을 가장 중요한 성공의 요소로 내세웠다. 그의 책 한 부분을 인용하면 다음과 같다.

"나는 부동산을 사려고 하는 고객에게 반드시 결점부터 말해줍니다. '결정하기 전에 몇 가지 알아야 할 것들이 있습니다'라고 말한 후 그 집의 벽에 습기가 차오르는 모습을 보여줍니다. 그리고 500달러면 충분히 수리할 수 있다는 건축업자로부터 받아놓은 견적서를 보여줍니다. 그렇게 하면 대부분의 사람들은 그 집에 대한 문제보다는 나의 정직한 마음에 더 많은 신뢰를 가집니다. 그리고 아는 사람이 집을 사겠다고 하면 꼭 나를 소개해줍니다."

이렇게 정직은 사람의 마음을 움직일 뿐 아니라 서로에게 바람직하고 유익한 행동을 유도한다.

리더에게 정직 못지않게 중요한 또 다른 하나는 유혹의 극복이다. 가장 보편적인 유혹은 물욕, 음욕 그리고 명예욕일 것이다. 온갖 유혹이 엄습해도 끊임없는 자기 성찰과 절제 그리고 좋은 규칙과 습관으로 온전한 인격을 유지하는 사람들도 많이 있다. 하지만 많은 사람들은 돈의 남용, 육체적 부도덕, 편법 같은 유혹에 넘어간다. 경영자로서 이러한 유혹에 넘어가지 않기 위해서는 틈을 보이지 않도록 비밀을 최소화하고 투명성과 공개성을 최대화한다는 원칙을 세워야 한다.

보통 리더들은 수많은 선택의 기로에 서게 된다. 그 기로에서 자신이 중시하는 가치관이나 중심이 서 있지 않으면 잘못된 판단을 내리게 된다. 그렇기 때문에 자신만의 확고한 신념을 정립해야 하는 것이다.

리더는 한 조직을 대표하는 장으로서 수많은 사람들의 미래를 짊어지고 있다. 정직하게 조직을 이끌어나가는 리더는 많은 발전을 이루겠지만 눈앞의 이익에 급급해 도덕성이 결여된 행동을 한다면 머지않아 실패할 것이 분명하다.

"10년을 생각하면 기술이지만 100년을 생각하면 철학"이라는 광고 카피처럼 100년 기업으로 거듭나기 위해서는 반드시 도덕성을 갖추어야 한다.

1. 물의 평등성

– 서비스 지향적 사고를 가져라(배려와 신뢰)

1) 다른 사람을 위해 나누고 베푸는 것에 보람을 느낀다.

2) 눈에 띄지 않는 사소한 일이라도 즐거운 마음으로 할 수 있다.

3) 작은 일에도 목표와 비전을 가지고 있다.

2. 물의 포용성

– 사람을 품어라(마음 경영)

4) 당신의 동료나 가족이 실수했을 때도 화를 내기보다는 격려할 수 있다.

5) 상대방의 이야기를 듣고 충고나 비판을 하기보다는 이야기의 내면을 들으려 한다.

6) 내가 하는 사소한 이야기에도 재미있어 하는 사람들이 주변에 많은 편이다.

3. 물의 용해성

– 사람을 볼 줄 아는 안목을 키워라(인재 경영, 임파워먼트)

7) 상대방에게 불편함을 주기보다는 내가 조금 더 불편한 것이 낫다.

8) 자신의 귀한 정보를 다른 사람과 나누기를 꺼려하지 않는 편이다.

9) 현재 가장 가까이에 있는 파트너가 가장 중요한 사람이라고 생각한다.

4. 물의 전체성

　– 무한한 상상력의 세계를 가져라(상상력과 창의력)

10) 궁금한 것이 있으면 끝까지 확인해본다.

11) 종종 황당한 이야기로 사람들에게 재미와 즐거움을 준다.

12) 영화와 연극 관람을 혼자서도 자주 즐기는 편이다.

5. 물의 행동성

　– 추진력과 결단력을 계발하라(추진력과 결단력)

13) 한번 결정된 사항은 바로 실천하는 편이다.

14) 일을 할 때는 그 일의 결과와 관련된 사람을 생각하면서 성과
　　를 낸다.

15) 실패하는 한이 있더라도 자신이 생각한 일을 끝까지 시도해본다.

6. 물의 에너지성

　– 항상 주도적이고 열정적인 에너지를 가져라(주도성과 열정)

16) 항상 상쾌한 기분으로 하루를 시작하려고 한다.

17) 잘 알지 못하는 사람에게 쉽게 다가간다.

18) 눈에 띄지 않는 사소한 일이라도 즐거운 마음으로 할 수 있다.

7. 물의 활력성

　– 어느 자리에서든지 웃음과 끼를 발휘하라(유머와 화술)

19) 어떤 분위기에서도 활기를 불어넣을 수 있는 끼와 에너지가 있다.

20) 자신의 생각과 다른 견해를 가진 사람도 존중하며 끝까지 설
득할 자신이 있다.

21) 유연성과 상황대처능력이 뛰어나며 경우에 따라서는 바람직한
결과를 위해 연출하는 능력도 있다.

8. 물의 과감성

– 인생을 마치 모험처럼 즐겨라(도전과 용기)

19) 결정한 일은 어떤 일이 있더라도 해내려고 하는 근성이 있다.

23) 새로 시작하는 일의 결과를 알기 위해 끝까지 도전한다.

24) 남들이 하지 않은 것, 경험해보지 않은 것에 대한 호기심이 많다.

9. 물의 순환성

– 항상 배우면서 학습하는 자세를 가져라(자기계발과 자기쇄신)

25) 작고 자질구레한 일도 싫증내지 않고 끝까지 연구하고 살펴본다.

26) 자신의 일에 도움을 줄 수 있는 사람이 있으면 어디든지 찾아
간다.

27) 뭔가 배우지 않고는 하루도 살 수 없다

10. 물의 청명성

　－ 윤리적이고 도덕적인 정신세계를 가져라(도덕성과 투명성)

28) 하늘을 우러러 한 점 부끄러움이 없이 살려고 노력한다.

29) 보다 큰 것을 위해 작은 것의 유혹을 뿌리칠 수 있다.

30) 자신의 좌우명이나 나침반이 될 수 있는 것이 있다.

※ 20개 이상 긍정적인 답을 할 수 있다면 글로벌 리더로서의 자질이 높다고 할 수 있다. 그러나 개수에 상관없이 꾸준히 노력하는 것이 중요하다. 끊임없이 자기계발에 힘쓰면 글로벌 리더로서 영향력을 발휘할 수 있을 것이다.

마치 두렵지 않은 것처럼 행동하십시오.
그러면 당신은 필히 용감한 사람이 될 테니까요.
마치 당신이 누군가를 사랑하는 것처럼 행동하십시오.
그러면 당신은 필히 사랑을 발견하게 될 테니까요.
마치 삶이라는 무대의 주인공처럼 행동하십시오.
그로 인해 당신은 삶이라는 무대에서 더 이상 엑스트라가 아
닌 주인공으로 우뚝 서게 될 테니까요.

—《삶이 나에게 준 선물》중에서

PART 03

삶의 부가가치를 높여주는 새로운 패러다임

- 셀프 리더십을 보여준 리더(핵심의 원)
- 임파워링 리더십을 보여준 리더(통제의 원)
- 감성 리더십, 여성 리더십을 보여준 리더(상상의 원)
- 글로벌 리더십, 테크놀로지 리더십을 보여준 리더(무한대의 원)

변화하는 리더만이 살아남는다

첨단 기술의 발달로 이제 리더의 영향력은 국가를 뛰어넘어 세계 곳곳에 이르고 있다. 이제는 아무리 뛰어난 석학이라도 디지털 역량을 갖추지 못하면 인정받을 수 없는 시대가 되었다. 또 과거에 뛰어난 성과를 냈던 리더라 하더라도 앞으로 다가올 디지털 파워를 이해하지 못하면 모래 위에 집을 짓는 것이 되고 만다.

현재 시중에 나와 있는 리더십 이론만 해도 150여 개가 넘는다. 그리고 이러한 이론들은 세계적인 변화의 물결을 타고 다양하게 재해석되고 있다. 오늘날의 리더십은 세계화의 추세에 발맞춰 정치나 이념보다는 시장 경제와 문화, 예술에 더 가치를 두고 있다. 따라서 리더십의 유형도 인간을 중요시하는 부드러운 유형으로 변화하고 있다.

이러한 시대 변화에 따라 리더십에 대한 패러다임 역시 여성적으로 바뀌고 있다. 리더십 패러다임 전환의 특징을 보면 20세기에는 좌뇌형(이성, 논리), 경쟁 리더십, 순응자, 제조, 생산, 에너지 등이 중심 키워드였다. 그러나 21세기에는 전뇌형(좌뇌, 우뇌), 초 경쟁(팀워크와 임파워링), 혁신자, 창조자, 개혁자, 문화와 가치, 시너지 등이 중심 키워드로 떠오르고 있다. 그리고 과거에는 오직 리더들의 성과와 실적이 그들의 대한 평가 기준이었지만, 오늘날에는 리더의 삶과 경영철학 그리고 인간적 자질과 성과 창출 역량을 두루 검증하고 있다. 이것을 21세기를 리드하는 창의적 리더십이라고 한다. 이러한 창의적 리더십은 다음과 같이 9가지 특징을 가지고 있다.

1. Synergize : 시너지 창조적 리더십
2. Innovator : 혁신적 리더십
3. Net worker : 조직적 리더십
4. Teacher : 교육적 리더십(멘토, 모델, 코치)
5. Optimist : 낙천적 리더십(감성, 즐거움)
6. Behaviorist : 실천적 리더십(습관, 시도, 행동)
7. Unique : 차별적 리더십(개성, 특색, 기억)
8. Lover : 나눔의 리더십(사랑, 존중, 동반자, 서비스)
9. Yes We can : 자신감 있는 리더십(자신감, 능력, 확신)

사실 자신의 분야에서 성공한 리더들은 위의 9가지 특성을 골고루 가지고 있을 뿐 아니라 물결 리더십의 4가지 법칙인 셀프 리더십과 임파워링 리더십, 감성 리더십 그리고 글로벌 리더십, 테크놀로지 리더십을 모두 다 갖추고 있다. 다만 그들의 사업적인 특성이나 리더들의 개성에 따라 어떤 특정 역량을 다른 역량보다 조금 더 가지고 있을 뿐이다. 이번 PART에서는 이러한 역량을 두루 갖춘 12명의 리더들을 살펴보고자 한다.

셀프 리더십을
보여준 리더(핵심의 원)

1. 탐험가 어니스트 섀클턴의 서바이벌 리더십

새로운 세상 밖으로의 출발

해마다 연말 연초가 되면 많은 대기업들이 신입사원을 채용한다. 이미 입시전쟁을 치러봤던 수많은 학생들이 몇 백대 1의 경쟁을 뚫어야 하는 취업전선에 다시 서게 되는 것이다. 그런데 이렇게 치열한 경쟁을 뚫고 입사한 신입사원 중에 60~70퍼센트가 일 년 이내에 퇴사한다고 한다.

퇴사의 이유는 여러 가지가 있겠지만 대부분 힘든 상황을 참기가 어렵다는 이유다. 오늘날처럼 풍족한 시대에서 한두 명의 자녀만 있는 가정공화국의 왕자와 공주로 살아온 그들이기에 냉정하고 엄격한 조직생활은 견디기 어려운 것이다.

보통 신입사원은 자기 스스로 일을 해결할 수 있는 능력이 별로 없

"언젠가는 같이 없어질 동시대의 사람들과
좀더 의미 있고 건강한 가치를 지키며 살다가
'별 너머의 먼지'로 돌아가는 것이
인간의 삶이라고 생각한다."

—안철수,《영혼이 있는 승부》중에서

기 때문에 선배나 상사로부터 지시를 받거나 업무보조를 하면서 일을 배운다. 그런데 이러한 상황을 견디지 못하고 "내가 이런 일 하려고 그렇게 어렵게 공부했나?" "우리 부모님한테도 이런 대접은 받아본 적이 없었는데!" 같은 생각을 하는 것이다. 그리고 쉽게 포기해버린다. 이들은 디지털 시대에 아무에게도 간섭받지 않고 자기만의 세상에 묻혀 많은 시간을 보낸 세대이기 때문에 다른 사람들과 관계 맺는 것이 무척 서툴다.

어느 날 학교를 졸업하고 대기업에 입사한 한 학생이 나에게 메일을 보내왔다. 졸업도 하기 전에 좋은 회사에 취업했다고 찾아왔던 학생이었다.

"…… 입사를 하고나서 한동안은 너무 좋았는데 한 석 달 정도 다니니까 매일매일 일상적으로 반복되는 생활 때문보통 회사에 입사하면 3개월이 고비다. 이때가 되면 약간의 슬럼프와 회의가 들기 시작하는데, 입사했을 때의 신선한 긴장감이 없어지고 조직과 사람에 대해 익숙해지기 시작하면서 회사의 단점과 직원들의 결점이 보이기 시작하는 것이다.

그리고 그 순간을 넘어서 1년쯤 되면 다음과 같은 생각이 들면서 심각하게 자신의 진로를 고민하게 된다. ‘이게 아닌데……’ ‘뭔가 잘못 된 건 아닐까?’ ‘더 이상은 참을 수 없다.’

그래서 입사 후 1년 후에 진로변경을 가장 많이 한다. 그 순간을 잘 넘기면 보통 3년쯤 되었을 때 다시 심각한 갈등이 밀려오는데 이때는 약간의 경력을 갖춘 상태기 때문에 다른 회사로 옮기는 사람들이 많다. 그러나 이 위기를 잘 넘긴 사람들은 자신의 분야에서 제법 전문가로 자리잡는다. 나는 이렇게 3년 정도 사회와 조직에 적응할 수 있는 인내심을 갖춘 사람이라면 어디를 가든 성공할 수 있다고 생각한다. 그러나 문제는 많은 사람들이 자신의 미래를 바라보고 현재를 선택하는 능력과 선택한 것에 대해 끈기를 가지고 끝까지 밀어붙이는 인내심이 부족하다는 것이다.

헝그리정신으로 재무장하라

인생을 살다 보면 수많은 시련이 닥친다. 그런데 이러한 시련을 단지 위기라고만 생각하면 그 위기 속에 숨어 있는 기회는 사라져버린다. 중국 속담에 "시련은 그만큼 사람을 영리하게 만든다"는 말이 있다. 사람에게 내재된 능력은 극한 상황에 처할 때 비로소 빛을 발하게 된다는 것이다. 이처럼 시련이 닥쳐왔을 때 인내를 가지고 이겨낼 수 있어야 자신의 능력이 한 단계 더 업그레이드된다. 그 순간의 고비를 넘기지 못하고 포기하면 더 이상 발전은 기대할 수 없다. 나는 이 시대를 살아가는 젊은이들에게 "헝그리 정신으로 재무장하라"는 말을 해주고 싶다.

지금 미국과 유럽의 CEO들 사이에서는 영국의 탐험가 어니스트 섀클턴Ernest Henry Shackleton(1874~1922) 신드롬이 일고 있다고 한다. 오늘날과 같이 디지털과 테크놀로지가 발달한 시대에 100여 년 전의 남극 탐험가 섀클턴에게 왜 주목하는 것일까. 그 이유는 그가 역경에 처한 개인 및 기업들에게 어려운 위기를 극복해 나갈 수 있는 강한 셀프 리더십의 본보기가 되고 있기 때문이다.

어떠한 어려운 환경에 처하더라도 포기하지 않고 자신을 이겨낸다면 기회는 찾아오게 마련이다. 1914년 8월 인듀어런스호를 타고 영국을 출발해 남극 횡단 탐험에 나선 어니스트 섀클턴과 스물일곱 명의 대원들은 634일간 생사를 넘나드는 도전을 감행한다. 이는 단순한 탐험이 아니라 당시에는 새로운 시대를 향한 도전이었다. 이들이 634일간의 탐험을 통해 보여준 자신에 대한 믿음과 타인에 대한 신뢰는 극한 상황에 부딪친 개인과 조직에게 가장 필요한 자세였다. 어니스트 새클턴은 21세기를 맞이하는 우리들이 다시금 갖추어야 할 정신이 무엇인지를 보여준 것이다.

위기의 순간을 기회로 만들어라

새클턴은 탐험을 위해 대원들을 모집하는 다음과 같은 광고를 냈다. "위험천만함, 임금은 많지 않음, 혹독한 추위, 수개월 동안 계속되는 칠흑 같은 어둠, 무사 귀환이 의심스러움." 누가 이런 광고를 보고 도전을 하겠는가 라고 생각할 수도 있지만 당시 엄청나게 많은 예비 탐험가들이 지원했다고 한다. 이는 풍족하고 넉넉한 시대를 무미건조하게 살아가는 21세기 현대인들을 향한 도전의 메시지라고 생각한다. 이러한 흥미진진한 도전정신이 오늘날의 젊은이들에게 결여되어 있기 때문이다.

새클턴이 보여준 리더십은 치열한 경쟁, 불확실한 미래, 경제적 불확실성, 끊임없는 혁신과 성장 그리고 변화의 필요 같은 문제가 넘쳐나는 이 시대에 조직과 개인이 어떻게 이러한 문제를 헤쳐나가야 할 것인가에 대한 해결의 실마리를 제공한다.

새클턴은 평소 로버트 브라우닝의 시 〈프로스파이스Prospice〉를 좋아했다고 한다.

> 나는 항상 투사였다. 한 번만 더 해보자.
> 최후의 것이 최상의 것이다.

용감한 자는 최후의 한 순간에
최악을 최상으로 바꿔놓는다.

이러한 정신을 가지고 시련과 위기에 도전해보라. 아마 인생이 달라질 것이다. 섀클턴은 강한 셀프 리더십을 보여준 대표적인 리더라 할 수 있다. 그는 어떤 상황에서도 대원들에게 '포기'라는 말을 하지 않았다. 모든 상황을 긍정적으로 받아들였고 최상의 선택을 하려고 노력했다. 그리고 그의 긍정적인 사고는 모든 대원에게 그대로 전해졌다.

또 섀클턴의 강한 정신력과 철저한 자기관리는 이 탐험에서 모든 대원을 무사히 귀환시키는 데 가장 큰 역할을 했다. 그는 아무리 위험한 상황에서도 불안해하는 모습을 대원들에게 보여주지 않았다. 만약 자신이 자신감을 잃는다면 생존의 절벽에 선 대원들이 무슨 일을 할지 몰랐기 때문이다. 이처럼 섀클턴 리더십의 정수精髓는 극한 상황에서 나타났다. 그러나 많은 사람들은 섀클턴과 같지 않다. 생사의 기로에 놓인 상황이 되면 자존심이나 품위보다는 두려움과 공포, 이기심으로 그들의 불안함을 폭발시킨다. 또 너무나 작은 상황에서 생사를 가늠하는 것 이상의 이기심과 두려움을 나타내는 사람들도 부지기수다. 예를 들어, 프레젠테이션을 하기 위해 군중 앞에 선 사람이 마치 박격포를 쏘는 해병대 용사보다 더 당황해 한다든지, 사랑하는 사람과의 이별이나 시험에 낙방했다는 이유로 목숨을 끊는 것 등이 대표적이다.

섀클턴의 서바이벌 리더십에서 배우는 셀프 리더십

인생은 새로운 목표에 끊임없이 자신을 적응시키는 과정이다. 섀클턴이 보여준 변화하는 환경에 자신을 적응시키기 위한 강인한 셀프 리더십을 다음과 같이 네 가지로 정리해 보았다.

첫째, '궁극적인 목표를 잊지 말라. 그리고 단기적인 목표달성에 총력을 기울여라'

직장생활을 하든 사회생활을 하든 모든 것은 자신의 선택에 의한 것이다. 이 선택의 순간에 자신의 비전과 목표를 되돌아보고 왜 이런 선택을 해야 하는지에 대한 궁극적인 동기를 잊지 말아야 한다. 이러한 목표는 순간의 어려움과 갈등이 있을 때 자신을 바로잡아줄 수 있는 든든한 버팀목이 된다. 또 강한 셀프 리더십은 극한 상황에서 결정적인 행동을 위한 기회를 포착한다. 그러나 어떤 노력이 실패로 끝났다 하더라도 결코 좌절하지 않는다.

둘째, '가시적이고 오래 기억에 남는 상징과 행동으로 솔선수범하라'

장기목표와 단기목표를 달성하기 위해서는 두 목표 사이에 에너지가 끊임없이 흐르게 해야 한다. 명확하고 구체적인 이미지와 상징적인 행동을 통해 지속적인 자기암시를 하고 긍정적 메시지를 다른 사람에게 줄 수 있어야 한다.

우리가 일상생활에서 어려움에 처했을 때 "나는 할 수 있다." "이건 단지 지나가는 과정일 뿐이다." "이 정도의 노력 없이 어떻게 그 목표를 달성할 수 있겠는가?"와 같은 자기암시를 통해 자신의 미래와 운명은 스스로 만들어간다는 주도적인 생각을 가져야 한다. 자기가 앞으로 살아가고 싶은 모습을 상상하면서 현재의 어려움을 이겨내는 것이다.

새클턴은 항상 낙천적으로 생각했다. 그는 항상 자신의 성공을 믿었다. 그리고 이러한 그의 굳은 신념은 다른 사람에게까지 전달되어 결국 긍정적인 시너지를 창출했다.

셋째, '자신을 돌보라. 스테미너를 유지하고 죄책감에서 벗어나라'

새클턴은 내적으로 자신을 파괴할 수 있는 힘을 여러 가지 방법으로 다스렸다. 또 다른 사람들과 공유할 수 없었던 의혹들을 글로 표현함으로써 절망감에서 다소나마 벗어날 수 있었다. 자신을 되돌아보고 반성할 수 있는 지도와 나침반을 갖는다는 것은 자기 자신과의 싸움에서 이기는 데 매우 중요한 무기가 된다.

넷째, '절대로 포기하지 마라. 항상 또 한 번의 기회가 찾아온다'

지칠 줄 모르는 창의성은 두려움, 육체적 피로, 정신적 고통 등으로 힘들어하는 사람들에게 가장 필요한 요소다. 어려운 상황일수록 문제 해결 능력이 매우 중요하다. 새클턴 탐험대가 무사하게 귀환할 수 있었던 것은 단순히 어려운 상황을 인내했기 때문만은 아니었다. 죽음에 앞에서도 당당하게 맞설 수 있는 능력과 용기 그리고 발생한 문제를 창의적으로 해결할 수 있는 능력 덕분이었다.

2. '오체불만 인생 대만족' 오토다케의 셀프 리더십

한국의 오토다케와 만나다

한국장애인촉진공단 CS 리더과정에서 워크숍을 한 적이 있다. 나는 그 자리를 통해 공공기관이 서비스 혁신과 고객만족에 대해 얼마나 많은 관심을 가지고 있는지 알게 되었다. 처음에는 장애인들과 함께하는 워크숍이 힘들지 않을까 하는 우려도 있었다. 그런데 예상 외로 모두들 진지하게 워크숍에 참여해주었다. 오히려 내 자신이 그들에게 동화되는 것 같았다.

그들의 느린 말이나 행동은 조금 기다려 주기만 하면 됐다. 이미 동료들은 기다려주는 데 모두 익숙해져 있었다. 시간이 많이 걸리지 않을까 하는 우려도 있었지만 적극적으로 참여하는 분위기 속에서 워크숍은 계획대로 진행되었다.

개강식 때는 장애인촉진공단의 박은수 이사장님을 뵐 수 있었다. 홈페이지에서 볼 때는 잘 몰랐는데 휠체어에 앉아계신 이사장님을 실제로 보니까 저분이 우리나라 장애인들의 등불이구나 하는 생각이 들었다. 그분에게서는 정상의 자리에 오른 사람들에게서 느낄 수 있는 편안함이 느껴졌다.

장애는 키가 크거나 작은 것, 몸이 뚱뚱하거나 마른 것과 같은 것이다. 결코 다르지 않다. 자신만이 가진 개성과 특징으로 자연스럽게 받아들여야 할 문제인 것이다. 그러나 한국 사회에서는 경제 성장이라는 특수한 상황을 내세우면서 그동안 이들에게 제대로 된 관심을 갖지 않았다. 물론 국민소득 3만 달러 시대를 바라보는 지금은 많이 나아진 부분도 있다. 하지만 장애인이 불편을 느끼지 못할 정도로 국민의 의식수준이나 생활수준은 앞으로 더 높아져야 할 것이다. 나는 그들이 그동안 이런 척박한 환경 속에서 어떻게 적응하면서 살아왔는지 궁금해졌다. 그리고 이러한 힘의 원동력은 무엇인지 알고 싶었다.

오토다케의 강한 정신력 – 셀프 리더십

얼마 전에 오토다케 히로타다가 한국을 방문했다. 휠체어를 타고 공항에 들어서는 그를 많은 사람들이 환호하며 환대해 주었다. 그 이유가 도대체 무엇일까?

오토다케 히로타다는 와세다 대학 3학년 때인 1998년에 《오체불만족》이란 책을 집필했다. 그리고 이 책은 곧 베스트셀러가 되었다. 그는 이 책을 펴낸 이후 영화사나 기업으로부터 각종 제의를 받았지만 모두 거절했다. 언젠가 사람들이 자신에 대한 관심을 거둘 것이라 생각했기 때문이다. 그래서 그는 누군가로부터 도움을 받는 대신 자신의 힘으로 살아갈 수 있는 능력을 키웠다. 결국 그는 운전면허뿐 아니라 결혼에도 도전했고 최근에는 초등학교 교사라는 새로운 시작을 우리에게 알려왔다.

태어날 때부터 사지절단증이라는 병을 가진 오토다케의 이러한 인간 승리는 그의 어머니에게서 온 것이었다. 그의 어머니는 장애인인 오토다케를 하늘이 준 생명이라 생각하고 태어나는 순간부터 감사해하고 기뻐했다. 그리고 오토다케를 보통의 아이와 똑같이 키우려 했다. 어깨 사이에 연필을 끼워 글을 쓰게 했고, 지렛대 방식을 이용해 포크로 직접 식사를 하게 했다. 그리고 장애인 학교가 아닌 일반인이 다니는 초등학교에 오토다케를 입학시켰다. 오토다케는 일반 학생들과 함께 수업을 듣고 여느 학생들과 마찬가지로 공부했다. 선생님들 역시 그를 장애인으로 차별하지 않고 일반 학생들과 똑같이 대했다. 그 결과 그는 완벽한 셀프 리더십을 갖추게 되었다.

리더가 되기 위한 가장 중요한 조건 중에 하나가 바로 '존경'이다. 오토다케는 분명 존경받을 만한 사람이다. 존경은 강요에 의해 만들어지는 것이 아니라 자발적인 마음에 의해 발생하는 것이다. 즉, 리더가 주변사람들에게 존경받고 싶어 해도 주위사람들이 전혀 그런 마음을 가지고 있지 않다면 불가능한 것이다. 사람들이 오토다케를 바라보는 마음은 분명 '동정'이 아닌 '존경'이었다. 그는 장애인을 바라보는 동정의 시선을 과감히 무시했다.

오토다케는 일반인은 엄두로 못 낼 여러 가지 도전을 통해 그의 업적을 인정받았으며 '극복'이라는 단어를 몸소 실천으로 보여주었다. 그의 도전 정신과 강한 정신력은 쉽게 모든 것을 포기하는 이 시대 사람들에게 강한 자극이 되고 있다.

책을 통해 리더십 전파

오토다케는 《오체불만족》《내 마음의 선물》 등 다양한 책을 집필했고 이 책을 통해 자신의 인생관뿐 아니라 사람들이 그를 존경하게끔 만들었던 그의 멋진 삶을 보여주었다. 사람이 변화하기 위해서는 적절한 환경과 주변사람들의 도움이 필요한데 이때 가장 중요한 것이 리더의 역할이다. 오토다케와 같이 강한 셀프 리더십을 가진 사람은 따뜻한 모습으로 사람들의 변화를 도울 수 있는 장점이 있다. 장애가 있음에도 불구하고 자신의 삶을 끝까지 포기하지 않은 그의 도전 정신은 우리 삶을 다시 한 번 돌이켜보게 하는 좋은 자극제가 되고 있다.

이처럼 리더란 주변사람에게 영향을 끼치고 버팀목이 되어 그들의 성장을 이끌어내는 사람이다. 21세기는 장애인과 일반인의 구분이 없어지는 진정한 평등사회가 되어야 할 것이다. 그 중심에 오토다케의 역할이 클 것이라 생각한다.

21세기가 원하는 사람 – 마음의 장벽 없애기

많이 가지지 못해서 불행한 것일까, 많이 가져서 불행한 것일까. 아마 너무 많이 가져서 불행한 경우가 더 많을 것이다. 내가 가진 것에 대한 만족과 행복보다는 내가 가지지 못한 것에 대한 탐욕이 한없이 우리의 삶을 불행하게 만드는 것이다. '나'란 존재가 가치 있다고 생각한다면 많이 가지지 않고서도 충분히 존귀한 존재로 살아갈 수 있을 것이다. 우리의 삶 속에서 자신만의 가치를 발견하고 그것으로 삶의 존재감과 자신감을 얻을 수 있다면 우리는 그걸로 충분히 값진 인생이다.

저 사람이 아니면 할 수 없는 일이 있듯이 나에게도 나만의 일이 분명히 있다. 또 장애인이기 때문에 할 수 없는 일이 있는 반면 장애인이기 때문에 할 수 있는 일도 있다. 그러므로 장애인, 비장애인을 떠나서 자신이 잘할 수 있는 일을 찾으면 비록 오체는 불편할지라도 행복한 삶을 살 수 있는 것이다.

장애를 가졌다는 것은 앞에서도 말했듯이 사람이 가지고 있는 하나의 '불편한 점'일 뿐이다. 그렇기 때문에 자신이 가지고 있는 장점을 최대한 계발하고 그 장점을 가지고 삶을 열심히 살아내면 어느 순간 21세기가 원하는 사람이 되는 것이다. 이것이 '핵심의 원'에서 말하는 셀프 리더십이다.

3. 특별한 부자 워렌 버핏의 원칙 중심 리더십

탁월한 셀프 리더십을 가진 CEO

요즘 온 국민들의 관심은 부자 되기다. 부자 되는 법, 부자 만들기 같은 서적들이 대형서점에 주를 이루고 있을 뿐 아니라 각종 매스컴에서도 이를 많이 다루고 있다. 마치 우리사회가 부자 되기 프로젝트라도 하고 있는 것처럼 느껴진다.

요즘 많은 젊은이들이 워렌 버핏Warren Edward Buffett의 투자방식을 배우기 위해 그에 관한 서적을 찾고 있다. 어느 날 한 모임에 참석했더니 워렌 버핏을 직접 만나고 왔다는 젊은 학생이 있었다. 그 학생은 주식을 공부하다가 워렛 버핏이라는 사람이 어떤 사람인지 너무 궁금해서 뉴욕으로 날아가 그의 사무실 주변을 서성였다고 한다. 마침 직원으로부터 주주총회가 열리고 있다는 말을 들었고 주주총회에 참관하고 싶다는 메시지를 회사 측에 보내 꿈에 그리던 워렌 버핏을 가까에서 볼 수 있었다는 것이다. 그리고 여행기간 내내 주주총회에 참관하면서 세계의 돈줄을 움직이는 주식 고수들의 투자법을 직접 눈으로 배울 수 있었다고 한다. 그 학생은 요즘 워렌 버핏에 빠져서 그의 투자방식을 따라 투자하기도 하고 연구도 하며 그에 관한 글을 쓰고 있다.

부자가 된다는 것은 어려운 것이다. 철저한 자기학습 없이는 불가능하다. 치열한 학습과 노력 없이 넉넉하고 풍요로운 결과만을 생각한다면 얼마 안 가 실패하고 말 것이다.

투자의 세계에서 큰 돈을 벌기 위해서는 우선 자기 스스로 생각하는 법을 배워야 한다. 그리고 자기 스스로 생각하기 위해서는 홀로 서는 것을 두려워하지 말아야 한다. 또 뚜렷한 삶의 목표와 일관성 있는 원칙 그리고 탐욕으로부터의 자신을 통제할 수 있는 능력도 겸비해야 하는 것이다. 이것은 '핵심의 원'에서 말하는 스스로 자신을 관리하는 강한 셀프 리더십에서 출발한다.

어차피 이 세상의 부富는 정해진 파이를 나눠 갖는 제로 섬zore sum 게임이다. 버는 사람이 있으면 반드시 잃는 사람이 있다. 특히 재테크 수단인 주식에 있어서는 더욱 그렇다.

투자도 연습하고 연마해야 잘 할 수 있다. 처음부터 잘 하는 경우는 거의 없다. 수업료(손실)와 기법을 익히기 위한 시간이 필요한 것이다. 시간을 들여 연구하고 연습해야 내공을 쌓아갈 수 있다. 이런 맥락에서 특별한 부자 워렌 버핏은 투자에 있어 탁월한 셀프 리더십을 보여주었다.

워렌 버핏이 우리나라를 방문해 "한국의 주식은 저평가되어 있습니다"라는 말을 하자 하향곡선을 그리던 우리나라 주가가 크게 상승했을 정도로 그의 영향력은 대단하다. 한 나라의 경제를 손에 쥐고 움직이는 것이다.

워렌 버핏은 원칙 중심의 리더십으로 유명하다. 그는 주식시장을 단순히 투기의 대상으로 보지 않았다. 투자 기업의 내재된 가치를 장기적으로는 바라보고 투자했다. 이는 그의 스승 벤 그레이엄의 가르침을 따른 것이다.

투기성 매매가 성행하는 월스트리트에서 이러한 투자원칙을 고수한다는 것은 쉽지 않은 일이다. 한 순간의 잘못된 판단이 엄청난 실패를 불러올 수 있기 때문이다. 그러나 버핏은 가치투자라는 원칙을 끝까지 고수했다. 또 엄격한 도덕성을 그의 투자 원칙에 중요한 척도로 삼았다.

미래학자인 폴 케니디 예일대 교수는 "21세기 기업가는 성직자에 준하는 고도의 도덕성을 가져야 한다"고 말했다. 버핏은 돈보다 사람과 명성을 중요시한 경영자다. 그는 잘못된 의사결정으로 많은 돈을 잃는다 해도 결코 평판을 잃어서는 안 된다고 생각한다. 또 "사업상 하는 모든 일이 《뉴욕타임스》 1면에 나와도 떳떳할 수 있게 하자"고 직원들을 독려했다. 당연히 직원을 뽑을 때도 학력이나 능력보다는 성실성을 더 중요하게 고려한다. 정직하지 않은 사람은 결국 회사의 명예를 손상시킬 것이라는 사실을 알고 있었기 때문이다.

버핏의 리더십에서 배울 수 있는 또 하나의 교훈은 신뢰를 바탕으로 한 임파워먼트다. 버핏은 투자한 회사의 경영자를 깊이 신뢰하고 간섭하지 않는다. 회사의 내부 업무도 대부분 임직원들에게 맡겼다. 이것은 사람에 대한 믿음과 신뢰가 없으면 불가능한 일이다. 그는 "이 세상에서 성공한 사람들은 결코 나와 다른 대단한 사람들이 아니다. 단지 그들은 사고와 습관 등에서 남다른 점이 있을 뿐이다. 그리고 그것은 여러분들도 약간만 연습하면 자신의 것으로 만들 수 있다"고 말했다.

워렌 버핏은 성공의 열쇠를 철저한 연구와 노력, 성실성 그리고 가장 쉬우면서도 실천하기 어려운 상식에서 찾았다.

월가의 양심 워렌 버핏의 영향력

리더십의 본질적인 의미는 '공동의 목표를 달성하기 위해 한 개인이 집단 구성원들에게 영향을 미치는 것'이다. 그 개념을 좀더 자세히 들여다보면 리더십을 발휘하기 위한 기본 조건인 강력한 셀프 리더십이 바탕이 된다는 것을 알 수 있다.

워렌 버핏은 대부분의 사람들이 시장의 움직임을 보고 투자했을 때 철저한 가치투자 원칙을 가지고 전략을 세워 투자했다. '핵심의 원'인 '나' 자신에 대한 원칙과 주체성을 상실하지 않았던 것이다. 만약 이런 원칙을 상실해버린다면 '상상의 원' 혹은 '무한대의 원'에서 만나는 많은 영향력의 파동이 자신에게는 아무런 의미가 없을 것이다.

변화무쌍한 글로벌의 물결 속에서도 변하지 말아야 할 자신만의 정체성을 고수한다는 것은 우주의 중심인 '나'를 중심으로 퍼져가는 물결 리더십의 핵심이다. 자신만의 변하지 않는 원칙을 고수한 채 유연하게 변화의 물결을 받아들일 수 있어야 하는 것이다. 이러한 사람이 결국 독보적이고 창의적인 사람으로 인정받고 성장할 수 있다. 이와 같은 맥락에서 워렌 버핏이 보여준 원칙 중심의 투자는 철저한 자기관리와 통제를 바탕으로 하는 셀프 리더십의 영역에서 많은 귀감이 되고 있다.

개인과 조직의 셀프 리더십과 임파워링 리더십의 상관관계를 보면 다음과 같다.

‘핵심의 원’인 셀프 리더십은 ‘통제의 원’인 임파워링 리더십으로 이어지면서 그 영향력이 극대화되는 것이다.

워렌 버핏이 CEO로 있는 버크셔 헤서웨이는 37년간 25퍼센트의 복리 수익을 냈다. 흔들리지 않는 원칙 중심의 투자로 생산성과 효율성이 높아진 결과다. 쉽게 말하면 60센티미터의 어린 아이가 버크셔 헤서웨이의 성장률과 같은 속도로 성장한다면 37세가 되었을 때는 엠파이어스테이트 빌딩보다도 더 큰 키가 되는 것이다.

즉, 워렌 버핏은 셀프 리더십의 영향력을 가지고 임파워링 리더십을 극대화한 것이다. 이렇게 다져진 기초를 기반으로 ‘상력상의 원’인 감성 리더십에서 끊임없는 도전과 창조를 만들어낸다면 진정한 글로벌 리더로 나아갈 수 있을 것이다.

사람에게 투자하는 글로벌 리더십

세계와 우주를 뛰어넘는 ‘무한대의 원’에서 노블리스 오블리제를 통해 그가 보여준 글로벌 리더십은 대단히 상징적이다. 그는 워싱턴 대학에서 다음과 같이 얘기했다.

“내가 가진 모든 재산의 99퍼센트를 사회로 환원해야 한다고 생각합니다. 가족과 제가 평생을 누려온 모든 것들이 여기에 포함됩니다. 우리 가족은 이사회로부터 특별한 대우를 받으며 살아 왔습니다. 만약 제가 다른 시대에 태어났더라면 어쩌면 맹수의 점심거리가 되었을지도 모릅니다.”

1퍼센트만 남기고 모두 사회에 환원하겠다는 그의 말은 부자에 대한 일반 사람들의 시기심을 일축했고, 한국의 재벌들에게도 경각심을 일깨워줬을 뿐 아니라 부자가 좋은 일을 앞서서 행하는 노블리스 오블리제 실현의 좋은 본보기가 되었다. 결국 그의 투자원칙은 돈이 아니라 사람에게 있었던 것이다.

사람을 부자로 만들어 주는 것은 바로 '사람'이다. 최고의 수익률을 올려주는 것은 주식도, 부동산도 아닌 '사람'이라는 것이다. 그러므로 사람에게 투자하고 사람에게 베풀어야 한다. 가치 있는 사람에게 가치 있는 일을 하게 하고 가치 있게 베푸는 것이 바로 워렌 버핏의 성공 방식이다.

그는 50년 전에 구입한 저택에서 아직까지도 살고 있고 오래된 중고차를 직접 몰고 다니며 12달러짜리 이발소에서 머리를 깎는다고 한다. 또 그가 가장 좋아하는 취미는 친구들과 함께 하는 온라인 게임이다. 성공의 의미가 무엇이냐는 질문에 게임에서 친구의 돈을 따는 것이라고 소박하게 말하기도 했다.

재테크에 대한 워렌 버핏의 투자 방식을 여기서 거론할 필요는 없을 것이다. 오늘날과 같은 자본주의 사회에서 부의 환상을 쫓는 많은 사람들에게 원칙이 살아 있는 그의 철학과 검약한 생활을 보여주는 것만으로도 충분하기 때문이다.

사실 많이 가졌기 때문에 가진 것을 스스로 절제하며 그것으로부터 자유로울 수 있는 것이 아무것도 가진 것 없이 역경을 이겨내는 것보다 어쩌면 더 힘든 극기를 요구하는지도 모른다. 자신이 가진 것에 대한 무소유, 무위를 자신의 삶의 원칙으로 실현하는 것이 더 높은 경지의 셀프 리더십을 요구하기 때문이다.

　이러한 셀프 리더십을 갖추기 위해서는 자신을 통제하고 극기할 수 있는 내면의 힘이 반드시 필요하다. 워렌 버핏을 교훈 삼아 끊임없이 이러한 내면의 힘을 길러야 할 것이다.

임파워링 리더십을 보여준 리더(통제의 원)

1. 웅진그룹 윤석금 회장의 네트워크 리더십

요즘 대부분의 대기업에서는 차세대 리더를 선발해 교육을 하고 있다. 그런데 그중 한 기업의 인재개발원으로부터 강의 의뢰가 왔다. 국내 우수기업의 성공사례 중에서 웅진이 벤치마킹 1순위라면서 웅진그룹의 성공 스토리를 들려달라는 것이다. 더 구체적으로는 이론적인 부분 말고 웅진이 성장할 수 있었던 구체적이고 실질적인 사례에 대한 이야기를 듣고 싶다고 했다. 나는 서비스 마케팅의 이론적 체계를 중심으로 판매 경험과 교육 경험 그리고 서비스 리더로서의 경험을 근사하게 이야기하고 싶었는데 다른 각도에서 강의를 해야 했다.

그래서 "웅진이라는 회사가 어떤 회사라고 생각하십니까?"라는 질문을 하며 강의를 시작했다. 그랬더니 한 참석자가 웅진의 정수기 판매사원에게 강매당한 이야기를 하며 강의실 분위기를 무겁게 했다.

많이 즐기지도 못하고 그렇다고 뼈아픈 고통도 겪어보지 못한
가난한 영혼이 또 다른 가난한 자들과 겨루기보다는
실패하는 한이 있더라도 위험을 무릅쓰고 큰 것을 추구하여
빛나는 승리를 거두는 것이 훨씬 더 낫지 않은가!

— 시어도어 루스벨트

평소에 연락도 없었던 오래된 친구나 지인으로부터 갑자기 연락이 오면 보통 할부 책이나 정수기 아니면 보험 판매가 목적인 경우가 많은데, 웅진 같은 경우가 꼭 그렇다고 뼈 있는 질문을 한 것이다. 분위기가 이상하게 흘러가자 분위기를 전환시키기 위해 뭔가 극약처방이 필요했다. 그래서 내가 "아, 그래서 과거에 남자들이 저질러 놓은 일들을 요즘 여자들이 수습하러 다니지 않습니까?"라고 대답하자 한바탕 웃는 분위기가 되었다. 또 강의를 듣고 있던 한 임원이 "우리 집에 정수기 관리하러 오는 코디Coway Lady는 정말 친절하고 깨끗하게 서비스를 잘 하더라구요."라고 말하자 한결 분위기가 부드러워졌다.

대부분의 사람들은 웅진이 정수기, 책, 식품 같은 상품만 판매하는 회사라고 생각하고 있다. 강의에 참석한 많은 사람들도 그랬다. 그래서 나는 "웅진은 '길'을 만드는 회사"라고 그들에게 말해줬다.

휴렛팩커드 직원들에게 "여러분들은 어떤 상품을 생산하는 회사입

니까?" "여러분들의 회사를 대표하는 상품이 무엇입니까?" 하고 물으면 그들은 '사람'이라고 대답한다고 한다. 즉, 세계무대를 움직이는 글로벌 리더를 양성하는 것이 휴렛팩커드의 가장 대표적인 상품이라는 것이다. 웅진 역시 '사람'을 중시한다. 그리고 '길'을 만드는 회사다. 좋은 상품과 서비스로 사람들 간의 닫혀 있는 마음의 문을 열어 편리하고 행복한 생활의 '길'을 만들어주는 것이다. 그리고 그 중심에 웅진그룹의 윤석금 회장이 있다.

웅진코웨이는 미국의 America Way, 즉 암웨이에 버금갈 수 있는 한국의 Korea Way를 만들자는 취지에서 설립되었다. 국민들의 생활 깊숙이 상품을 전달할 수 있는 생활문화의 대표기업으로 길을 닦는 것이 최대의 목표다. 하지만 첫 상품이었던 정수기가 너무도 큰 성공을 하게 되자 마치 정수기 회사처럼 포지셔닝이 되어 버렸다.

우리나라에는 이러한 생활필수품을 만드는 회사는 많지만 그러한 상품의 가치를 빛나게 할 수 있는 회사는 그렇게 많지 않다. 좋은 상품에 대한 자부심은 가지고 있지만 고객의 마음에 감동을 주지는 못하고 있는 것이다. 이것이 바로 웅진이 다른 기업과 차별화하려 했던 점이다.

고객과의 길을 만드는 데 가장 중심이 되는 것은 상품이 아니라 사람이다. 때문에 상품을 전달하는 것이 아니라 먼저 사람을 생각하고 그 사람에 맞는 상품을 전달해야 하는 것이다. 언뜻 보기에는 비슷한 말 같지만 엄청난 차이가 있다. 전달 과정에서 워낙 많은 사람과 경쟁하다 보니까 어떤 부분에서는 부정적인 면도 나타나기는 하지만 기본정신에는 변함이 없다.

여기에는 웅진그룹 윤석금 회장의 탁월한 경영노하우가 숨어 있다. 윤석금 회장은 아무리 단단한 땅이라도 그 위에 길을 만들어 사람들이 신나게 그 길을 다니게 하는 감성경영을 주도하는 리더다. 그에게는 사람의 마음을 움직이고 그래서 새로운 길을 만드는 네트워크 리더십이 있다.

웅진에서 새로운 상품을 런칭하기 위해 신상품 1만 대를 시범 판매한 적이 있다. 그런데 판매개시 몇 분 만에 1만대가 모두 팔렸다. 판매조직을 많이 가지고 있는 웅진의 판매 사원들이 그 제품을 모두 샀을 거라고 생각할 수도 있을 것이다. 그러나 그렇지는 않다. 물론 판매인들이 더러 구매했을 수도 있다. 그러나 여기서 말하고 싶은 것은 빠른 동시성이다. 웅진의 모든 판매원들이 그렇게 짧은 시간에 그 제품을 모두 팔 수 있다는 것은 그들만의 특별한 '무엇'이 있기 때문에 가능한 것이다. 이것은 엄청난 파워다. 그렇다면 그 특별한 '무엇'은 어떤 것일까?

웅진그룹 아래 각 회사 CEO들이나 지역의 판매본부장들은 어느 누구보다도 자신이 윤석금 회장의 총애를 받고 있다고 생각한다. 이는 윤석금 회장이 그들의 마음에 길을 만들어놓았기 때문이다. 윤석금 회장은 각 개인의 장점을 살려서 그 사람들을 기분 좋게 관리할 줄 알았다. 그렇기 때문에 그들의 마음을 그물코처럼 엮을 수 있었던 것이다. 그래서 하나의 목표가 생기면 어부가 만선의 그물을 거둬들이듯이 그 그물코를 당기기만 하면 되었다. 이러한 웅진그룹의 '네트워크’ 시스템이 온라인과 오프라인 조직을 동시에 한 방향으로 집중시킬 수 있는 비결이었던 것이다.

Co Way을 넘어서 Global Way로

웅진은 지금쯤 한국의 길인 Co Way을 넘어서 세계의 길인 Global Way를 꿈꾸고 있을 것이다. 물론 외국에는 웅진보다 훨씬 더 좋은 시스템 경쟁력을 갖춘 회사가 많이 있다. 그렇기 때문에 그들과 어깨를 나란히 한다는 것은 결코 쉬운 일이 아니다. 그러나 앞에서도 이야기했지만 웅진은 길을 만드는 회사다. 아무리 첨단 기술이 발달했다 해도 기계가 사람의 마음을 움직이지는 못한다. 첨단 기계 위에 사람의 마음을 올려놓고 길을 만드는 것은 결국 ‘사람’이다. 웅진은 해외에서도 ‘사람’을 중시하는 시스템을 토대로 경쟁력을 키워나갈 것이다. 그리고 이러한 경쟁력은 윤석금 회장의 감성경영 네트워크 리더십에 의해서 더욱 강화될 것이다.

웅진이 국내에서와 마찬가지로 세계 각국에서 경쟁력을 발휘할 수 있는 것은 윤석금 회장의 네트워크 리더십과 더불어 세계적 감각의 ‘디자인’과 세계적 수준의 글로벌 ‘서비스 시스템’이 있기 때문이다.

‘서비스가 아니면 살아남을 수 없다’는 철저한 서비스 정신에 입각한 웅진코웨이 코디(Coway Lady)의 Before Service System은 이미 세계 곳곳에 수출되고 있을 정도로 유명하다. Before Service로 길을 만들고, In Service로 판매를 하고, After Service로 고객의 요구를 수용하며 영역을 확대하는 서비스 마케팅 시스템이 세계의 길을 만드는 네트워크 리더십의 핵심 노하우다. 그런데 만약 기존의 오프라인 시스템만 계속 유지되었더라면 이러한 시스템은 별 효과를 거두지 못했을 것이다. 그러나 이제는 디지털 세상이 되었기 때문에 실현 가능한 것이다.

예를 들어, 뉴욕의 구겐하임의 전시회 그림을 안방에 앉아 실시간 관람할 수 있는 공기청정기가 내장된 벽면 TV, 소변 검사까지 해주는 정수기, 건강검사와 관리를 동시에 하는 헬스 케어, 얼굴과 피부상태를 점검하고 맛사지까지 동시에 받을 수 있는 연수기 등 환경친화적이고 미래지향적인 시스템이 이제는 가능하다는 것이다.

상상력과 소통으로 영역을 파괴하며 새로운 길로

이제 아파트라는 상품은 건설회사만의 전유물이 아니다. 오늘날과 같은 유비쿼터스 시대에는 전자회사 역할이 더 큰 몫을 차지하게 될 것이다. 이제는 게임기의 경쟁상대가 나이키고, 신용카드의 경쟁상대가 휴대폰이며, 여행사 하나투어의 경쟁상대가 G마켓과 옥션인 시대다. 이처럼 시장에서 상품 고유의 영역은 점점 파괴되고 있다. 전혀 어울리지 않는, 전혀 다른 분야의 상품들이 경쟁하는 시대가 된 것이다. 웅진그룹 역시 '영역의 파괴현상' '지역의 파괴현상'과 같은 시대 변화에 주목하고 있다. 그리고 상상력과 소통을 무기삼아 경쟁영역을 파괴하며 세계의 길로 나아가고 있다. 웅진은 세계의 모든 길을 그물 조직으로 엮어 네트워크화 하는 것을 목표로 삼고 있다. 이 목표가 실현된다면 단단한 그물이 한 번씩 출렁일 때마다 세계는 깜짝 놀라게 될 것이다.

계급장을 떼어낸 치어리더 리더십

물은 자신의 존재를 낮추며 다른 것들과 조화를 이룰 줄 안다. 마찬가지로 물과 같은 리더는 자신의 존재를 최대한 낮춰 조직 구성원들과 조화를 이루는 사람이다. 또 구성원들과 완전히 동화되어 그들의 마음을 읽어낼 뿐 아니라 일에 대한 생산성과 효율성까지 극대화시킨다. 그리고 긍정적인 자세와 배려하는 마음으로 구성원들의 이야기에 귀를 기울인다. 단순히 귀만 열어놓는 경청이 아니라 서로의 마음이 통할 수 있도록 마치 악기의 공명통을 다듬는 것처럼 마음을 비우고 정성을 다한다. 그런데 대부분의 리더들은 섬김의 리더십, 서비스 리더십을 강조하면서도 자신의 어깨 위에 붙어있는 계급장을 절대로 내려놓지 않으려 한다. CEO가 회식 자리에서 넥타이를 머리에 묶고 테이블 위에서 춤을 추어도 직원들은 절대 자신의 신분을 망각하지 않는다. 그들은 원만한 회사생활을 위해 일정한 거리를 유지할 뿐이다.

전문 상담가와 물과 같은 리더의 공통점은 완전히 자신을 내려놓을 수 있는 능력을 가졌다는 것이다. 그러나 상대방의 상처를 치유해주는 것이 아니라 오히려 자신의 주장만 내세우는 엉터리 상담가와 리더도 더러 있다. 그들은 수시로 자신의 이야기를 꺼내 상대방과 비교하고 자신은 그렇지 않다는 듯이 섣불리 충고한다. 그러나 이는 대단히 교만한 것이다. 자신의 위치를 오용하는 것이다. 즉, '상담가' '리더'라는 계급장을 내려놓지 못하고 자신의 잣대로 상대방을 평가하는 것이다. 이러한 리더는 회식 장소에서도 재미있게 망가져주는 척하지만 실제 내면은 그렇지 않은 경우가 많다.

올바른 리더십을 가진 CEO의 브랜드가치

CEO는 '거래 가능한 자산이다'라는 말이 있다. 그리고 거래 가능한 CEO의 능력은 Chief Executive Officer가 아니라 Chief Entertainment Officer로 평가된다. 연예인 수준의 끼와 재능 그리고 유머감각을 가지고 직원과 동화될 수 있는 CEO들의 자산가치는 엄청나게 높다. 이러한 CEO들은 높은 감성지능을 가지고 구성원들의 감정을 잘 조절할 뿐 아니라 스스로 소금이 되기도 하고 맑은 물이 되기도 하면서 조직의 생산성과 효율성을 극대화시키는 데 가장 큰 영향력을 행사한다. 그런데 이러한 영향력의 가장 핵심적인 키워드는 '웃음'과 '재미'다. 여기서 말하는 웃음과 재미는 단순한 농담이 아니라 그것을 넘어선 '즐거움'을 의미한다.

응원석에서 운동경기의 관전을 더욱 즐겁게 해주기 위해 열정적으로 춤을 추면서 분위기를 돋우는 치어리더들을 생각해보라. 이들은 춤에 완전히 몰입되어 관중들과 함께 열광에 도가니에 빠져 있다. 그래서 경기장을 찾는 사람들은 운동경기뿐 아니라 그들과 함께 완전히 하나가 되는 희열의 순간을 만끽하며 스트레스를 해소한다.

나는 리더십에 관한 강의를 하면서 교육생들로부터 "리더란 한 마디로 무엇이라고 생각하십니까?"라는 질문을 받은 적이 있다. 그때 나는 "리더는 치어리더다"라고 대답했다. 이처럼 오늘날의 CEO는

Chief Entertainment Officer의 의미를 가져야 한다.

이러한 물의 평등성과 에너지성의 장점을 갖춘 CEO가 사우스웨스트 항공사의 허브 켈러허Herb Kelleher 회장이다. 그는 자신의 계급장을 과감히 벗어던지고 조직구성원들 속으로 뛰어든 '치어리더' 같은 리더다. 엘비스 프레슬리 복장으로 승객과 직원들 앞에 나타나는가 하면 새벽에 불쑥 도넛을 사들고 청소원들에게 나타나 그들과 함께 비행기 청소를 하기도 한다. 또 반바지 차림으로 사내를 자유롭게 돌아다니면서 시시콜콜 직원들에게 장난을 건다. 그뿐 아니라 경쟁업체와의 예민한 협상문제를 팔씨름으로 결정하자고 상대방 회사의 CEO에게 제안해 상대 CEO를 당황하게 만들기도 했다. 이것은 한 차원 높은 수준의 유머감각이 아니면 결코 나올 수 없는 발상들일 것이다.

"웃다 보면 어느새 도착합니다!" "담배를 피우고 싶으면 비행기 밖의 테라스로 나가서 피우세요. 밖에서는 〈바람과 함께 사라지다〉라는 영화가 상영 중입니다." 이와 같은 사우스웨스트 항공만의 유머는 자칫 지루하기 쉬운 비행기 여행을 재미있는 시간으로 만들어 주고 싶어 하는 경영자의 아이디어라고 할 수 있다. 설문조사에 의하면 고객들은 사우스웨스트 항공을 이용한 여행이 마치 디즈니랜드를 가는 것만큼 즐겁다고 한다. 허브 캘러허 회장은 리더십에 대해서 이렇게 말한다.

"리더십이란 하인 노릇하기라고 말하고 싶군요. 뛰어난 리더는 동시에 훌륭한 추종자여야 합니다. 다른 사람의 생각이 자기의 생각과 달라도 기꺼이 받아들여야 하고요. 자기 자신을 사업의 필요성에 기꺼이 종속시켜야 하지요. 또 직원들을 위해 기꺼이 위험을 감수할 줄 알아야 합니다. 직원들을 위해 싸우려 하지 않는다면 그들 역시 당신을 위해 싸워주지 않을 것입니다. 또 직원들에게 일을 위임하는 것도 중요합니다."

셀프 리더로서의 허브 켈러허 회장

'핵심의 원'에 해당하는 첫 번째 물방울은 허브 캘러허 자신이다. 우주의 중심은 모두 건강한 '나'로부터 출발한다. 자신이 즐겁고 행복한 시선으로 세상을 바라볼 수 있어야 모든 사람을 행복하게 할 수 있다. 허브 켈러허는 젊은 시절 법원에서 근무하면서 나름대로 주체적인 성공방정식을 세워나갔다. 그리고 친구들과 술을 마시다가 저가항공사란 아이디어를 구상했다. 대부분의 항공사들이 불황에 허덕이고 있을 때 지하철이나 고속버스와 경쟁할 수 있는 저가항공사를 만들면 경쟁력이 있겠다는 생각을 한 것이다. 결국 그는 사우스웨스트라는 항공사를 설립했다.

꼬마항공사 CEO라고 손가락질 받았던 허브 캘러허는 거인들과의 경쟁에서 살아남기 위해 다른 회사와는 차별화된 독립적인 성격을 가지고 회사를 운영해나갔다. 그 결과 사우스웨스트 항공은 '미국에서 가장 일하고 싶은 회사'가 되었다. 그가 떨어뜨린 호기심 가득한 물방울 하나가 누구나 벤치마킹하고 싶은 회사를 만들어낸 것이다. 이것은 유연한 사고와 독특한 아이디어 없이는 불가능한 것이다.

허브 캘러허 회장은 '미국에서 가장 웃기는 경영자'라는 별명을 가진 fun경영의 대가로 자리 잡았다. 그는 직원을 채용할 때 응시자에게 지난 3개월 동안 했던 농담 중에서 가장 재미있는 것을 해보라고 권한다. 유머 테스트를 하는 것이다. 유머감각이 있는 사람은 창의적이고 업무처리 능력이 뛰어나며, 조직 화합에 긍정적이라는 생각에서다. 업무에 필요한 지식이나 기술은 교육을 통해서 얼마든지 익힐 수 있지만 몸에 배어 있는 태도는 쉽게 바꿀 수 없기 때문에 유머 감각이 있는 사람에게 더 높은 점수를 주는 것이다.

허브 캘러허 회장의 임파워링 리더십

허브 캘러허 회장의 유머감각과 치어리더 리더십이 더욱 빛날 수 있었던 것은 이러한 방식이 최대의 생산성과 효율성을 가져왔기 때문이다. 그는 기존의 항공사들이 중요하게 생각하는 '안전성' '최상의 서비스' '청결함' 등과 차별되는 '가족 경영 리더십'으로 경쟁기업에 대한 우위를 점했다. 그는 기업에서 가장 중요한 핵심요소는 직원들이라고 생각했다. '승객이 항상 옳은 것이 아니다'라면서 직원들의 사기를 북돋아주었고 직원들을 특별한 이유 없이 해고하지 않았다.

당시 경쟁 항공사들은 강한 노조 때문에 어려움을 겪고 있었는데 사우스웨스트 항공은 노사 간의 갈등이 없었다. 그래서 어떤 사람들은 사우스웨스트 항공에는 노조가 없는 것으로 알고 있지만 이는 사실이 아니다. 사우스웨스트 항공은 노조 가입률이 가장 높은 항공사다. 허브 캘러허 회장은 노조를 가족이며 동반자라고 생각하고 있다. 사우스웨스트 항공이 치열한 경쟁에서 살아남을 수 있었던 이유는 이러한 최고경영자의 유연한 경영철학과 직원들의 애사심이 있었기에 가능한 것이었다.

사우스웨스트 항공의 직원들은 정책을 수립하는 시간보다 파티 계획을 짜는 데 더 많은 시간을 할애한다고 한다. 그들은 고객에게 '항공기 여행은 재미있다'라는 인식을 심어주기 위해 끊임없이 노력한다. '연말은 고향에서'라는 프로그램을 만들어 해마다 노인들에게 무료 항공권을 제공하기도 하고, 집 없는 아이들에게 적당한 거처를 마련해주기도 한다. 또 직원들은 연간 프로그램으로 불우한 아이들을 방문해 그들을 돕는다. 이처럼 사우스웨스트 항공은 따뜻하고 인간적인 모습으로 고객에게 다가간다.

이러한 모든 분위기는 허브 캘러허 회장이 통제할 수 있는 '조직'이라는 범주 안에서 적절한 견제를 통해 균형을 잡아나가고 있다. 이는 직원 모두에게 CEO와 같은 조직의 한 구성원이라는 생각을 심어주면서 각각의 권한을 부여하는 임파워링 리더십의 대표적인 사례라고 할 수 있다. 그래서 사우스웨스트 항공은 웃음과 재미, 생산성과 효율성이라는 두 마리의 토끼를 전부 잡을 수 있었다. 허브 캘러허 회장은 세계와 우주를 가슴에 안을 수 있는 따뜻한 글로벌 리더로서 가장 우선시 되는 사람의 마음을 얻는 데 성공한 리더다. 사람의 마음을 얻으면 수익을 저절로 따라 오게 마련이라는 것이 그의 경영정신이다.

완전히 자신을 비우고 직원들에게 다가갈 수 있어야 모든 사람들이 좋아하는 맛을 낼 수 있다. 그리고 이 맛이 있어야 승부를 걸 수 있다. '승부를 건다는 말 자체가 욕심의 한 자락을 깔고 있지 않은가'라는 생각도 들지만 궁극적인 기업의 생존 목적과 직원들의 생활을 공통분모로 바라본다면 자연스럽고 당연하게 받아들여질 수 있는 문제다.

부드러움은 강함을 이긴다

사우스웨스트 항공은 기업 내 자리한 '소프트 리더십'을 토대로 25년 연속 흑자를 달성했다. 그리고 미국 항공사로서는 유일하게 단 한차례의 노사분규도 겪지 않았다. 또 매년 미국 언론에서 발표하는 '시간을 가장 잘 지키는 항공사' '고객 불만이 가장 적은 항공사' 부문에서 1위를 차지하고 있다. 사우스웨스트 항공은 기업의 혁신과 성장을 모두 달성한 성공한 기업으로 평가되고 있다. '부드러움은 강함을 이긴다.' '재미있는 사람과 기업이 성공한다.' 등의 슬로건이 너무 잘 어울리는 회사가 아닐까 한다.

3. 예치과 박인출 회장의 고객사랑 리더십

환자가 아니라 고객입니다

소름끼치는 기계 소리, 비릿한 소독 냄새, 응급실에 실려온 환자들의 모습 등이 병원을 찾는 사람들의 발걸음을 무겁게 한다. 그런데 요즘에는 많은 병원들이 환자들을 단순히 '환자'가 아닌 '고객'으로 대하면서 이러한 인식들이 차츰 바뀌기 시작했다.

몇 년 전 회사에서 CS강사들을 인솔해 일본의 JAL아카데미로 연수를 간 적이 있다. 그런데 강사 중 한 명이 빡빡한 일정을 소화하지 못해 결국 병원 신세를 지게 되었다. 통역이 있기는 했지만 말도 잘 통하지 않는 타국에서 병원을 가야 한다는 게 그리 내키지 않았다. 그러나 어찌되었든 강사는 병원에 입원해야 했고 몇 가지 조사와 치료를 받게 되었다. 그런데 일본의 병원은 우리나라에서 느꼈던 병원의 분위기와는 좀 다른 것 같았다. 환자가 가만히 누워있기만 해도 의사와 간호사들이 차례로 왔다 갔다 하면서 검사와 치료를 해주는 것이었다. 너무나 인상적이었던 것은 의사가 환자를 찾아와서 환자의 상태를 하나하나 묻는 것이었다. 그리고 말이 통하지는 않았지만 몸짓언어와 간단한 대화를 통해 너무나 자연스럽게 진료를 하기 시작했다. 그런데 그 진료 중에 나눴던 간단한 대화라는 것이 전문적인 게 아니고 환자의 마음을 계속해서 안정시켜주는 대화였다.

"조금 차가워요."

"1분이면 끝납니다."

"주사 놓을게요."

"조금 따끔할 거예요."

간호사나 의사의 이런 말이 불안해하는 환자들에게 얼마나 안정감을 주는지 모른다. 이것이 바로 서비스에서 말하는 '스몰토크'다. 오늘날 이러한 스몰토크에 의한 병원의 서비스 혁신이 병원을 찾는 많은 환자들에게 긍정적인 영향을 미치고 있다. 이로 인해 사람들의 마음속에 병원의 모습이 새롭게 자리하기 시작했다.

예禮를 통한 병원의 변신은 무죄

'예치과'는 환자들이 너무 많아서 예약을 하고도 며칠을 기다려야한다고 한다. 환자의 생명과 목숨을 담보로 권위적이고 차갑기만 하던 병원이 달라지기 시작한 것이다. 이제는 기업에서나 일어났던 변화의 물결이 철옹성 같기만 하던 병원에까지 영향을 미치고 있다. 이 변화는 생산성과 효율성만을 강조하던 산업사회의 경쟁 패러다임이 지식근로자의 창조성과 자율성을 중시하는 지식서비스 사회로 넘어가고 있다는 것을 보여주는 가장 모범적인 사례인 것 같다.

'예'라는 브랜드로 묶인 예치과는 경영방식과 서비스 방식을 서로 공유하면서 브랜드를 유지하는 박인출 회장의 피그말리온 리더십에서 출발한다. 박인출 회장은 "진료는 건강서비스다.""환자가 아니라 고객이다."라는 슬로건을 경영이념으로 삼고 있다.

그는 평범함을 거부하는 창의적이고 자유로운 기질을 가진 의학도였다. 서울대생이었던 그가 장발을 하고 '엑스타스'라는 밴드에서 활동했다는 것만으로도 그의 기질을 짐작할 수 있을 것이다. 평범한 의대생은 아니었던 것이다. 그는 자신만의 스타일로 보람을 찾을 수 있는 의술을 펼쳐보고 싶은 창의적인 욕망을 가진 사람이었다. 그리고 결국은 다른 병원과 차별화된 자신만의 병원을 만들었다. 그의 차별화의 핵심은 '환자중심의 병원'이다.

이제 병원 문을 열기만 하면 돈을 벌던 시대는 지났다. 실제로 부도를 내는 병원들이 늘어나고 있다. 게다가 한미FTA가 체결된다면 우수한 설비와 서비스정신을 갖춘 외국계 병원들과의 경쟁에서 승리해야 살아남을 수 있다.

병원사업의 중요한 세 가지 요소인 진료, 경영, 자본 중에서 가장 중요한 것이 이제는 경영이다. 경영마인드가 없이는 살아남기가 힘든 세상이다. 박인출 회장은 이러한 상황을 감지하고 단순한 변화가 아닌 철저한 자기반성을 통한 진화를 거듭할 수 있어야 생존할 수 있다고 내다봤다. 그리고 "의료도 서비스다. 의료서비스를 선진국 수준으로 바꾼다면 아무리 개방의 압력이 밀려와도 경쟁력이 있을 것이다. 그리고 국내에서뿐 아니라 최고수준의 메디컬 네트워크를 해외로도 수출하자"는 데까지 생각하게 되었다.

박인출 회장은 창업동지와 여행을 통해 10년 후를 내다보는 장기 비전을 세웠다. 그리고 스타벅스를 닮은 카페 같은 예치과 컨셉을 만들었다. '명품치과' '서비스 코디네이터' 이것이 창조적 파괴에서 나온 자유롭고 아주 편안한 병원의 컨셉이었다. 그는 미국의 장점인 합리적이고 계약 중심적인 시스템과 일본의 장점인 인간적이며 정적인 조직체계 시스템을 접목시켰고 가장 이상적인 해외 벤치마킹 모델이었던 싱가포르의 '테이 & 파트너스'를 모델 삼아 오늘날의 예치과 공동개원시스템을 만들었다. 예치과의 '예'는 고객서비스을 중시하는 표현인 '예, 그렇습니다'를 나타내주는 의미라고 한다.

피그말리온 리더십으로 세계로 가다

고객사랑을 중심으로 하는 예치과의 바탕에는 피그말리온이라는 교육이론이 있다. '피그말리온'은 기대와 칭찬의 힘을 말한다. 사람들은 누군가가 기대하는 것만큼 행동한다. 더 정확히 말하면 그 기대만큼 행동한다고 하는 것이 맞는 말일 것이다. 자신의 행동이 상대방의 기대에 충족될 때 받는 칭찬만큼 큰 영향력은 없는 것 같다. 그래서 자신이 이 세상에 보여줄 수 있는 영향력의 크기는 모든 사람들이 공유하는 기준이나 기대에 의해서 지배되는 것이다.

피그말리온은 키프러스의 왕이면서 당대의 예술가이자 이름난 조각가였다. 어느 날 대리석으로 아름다운 여인상을 만들어 놓고 마치 살아 있는 연인을 대하듯이 매일매일 사랑의 혼을 불어넣었더니 그 조각이 살아 움직이기 시작이면서 마침내 피그말리온과 사랑하는 연인이 되었다고 한다. 물론 신화의 한 얘기다. 교육학에서는 이것을 '자성예언'이라고 한다. 자신이 바라는 대로 정성을 다하면 현실에서 그 기대하는 것이 이루어진다는 이론이다.

박인출 회장은 예치과를 찾는 환자들에게 이 피그말리온 정신을 적용시켜 의료 서비스의 새로운 패러다임을 만들어냈다. 그를 단순히 돈을 많이 버는 의사 정도로만 생각해서는 안 된다. 그는 서비스 시대의 삶의 질과 행복의 수준을 가르는 새로운 척도를 제시했다. 이러한 피그말리온 리더십을 통해 그는 동네 치과를 메디컬 네트워크를 구축한 세계일류의 의료기관으로 만들어나가고 있다.

이처럼 리더십은 새로운 것을 창조하는 것이다. 그리고 그 영향력을 넓혀가며 성과를 극대화하는 것이다. 눈에 보이는 것을 창조하는 것이 아니라 눈에 보이지 않는 것들을 상상력을 발휘해 만들어내고 그것이 이루어지도록 주변 사람들을 설득하는 것이다. 박인출 회장은

이러한 모든 과정에 있어 항상 고객을 최우선으로 삼았다. 예치과의
성공은 아무도 시도하지 못했던 그의 서비스 지향적인 경영철학으로
부터 시작한 것이다.

감성 리더십, 여성 리더십을 보여준 리더(상상의 원)

1. 숙명여대 이경숙 총장의 춤추는 'S' 리더십

60대 '보아' 총장

내가 대학에서 진행하는 강의는 학생들 모두가 참여하는 방식을 취하고 있다. 교육용어로 표현하면 기업에서 직원들을 대상으로 강의했던 학습자 중심의 참여교육인 CTT Creative Training Techniques 방식이다. 대학 강의가 경쟁력이 떨어진다는 것은 현업에 적용할 수 있는 실용적인 부분이 적기 때문이다. 그러나 이제 칠판 밑에서 자신의 지식을 일방적으로 가르치는 방식을 고수하는 교수는 없을 것이다. 학생들이 가지고 있는 좋은 아이디어와 생각을 현실에 맞게 나누고 정리하는 Just In Time 학습법이 대학 캠퍼스에서 주를 이루고 있기 때문이다.

매우 놀랍게도 숙명여대는 전 교수진을 대상으로 문제기반 학습법인 PBL Problem Based Learning과 팀 스킬 향상을 위한 TBL Team Based

Learning 교수법을 이수하게 하고 있었다. 나는 이 세 가지의 강의법을 적절하게 활용하여 한 학기 동안 학생들이 재미있게 수업에 참여할 수 있도록 하고 있다.

현재 수많은 학생들은 대학을 졸업하고도 조직과 사회에 제대로 적응하지 못하고 있다. 다시 재사회화 교육을 받아야 하는 상황이다. 정말 안타까운 현실이다. 그래서 이론만을 강조하는 수업보다 현실에서 요구되는 사례 중심의 수업에 학생들이 몰려드는 것 같다.

어느 날 내 수업에서 서비스 우수리더 사례를 발표하는 시간이 있었다. 그런데 한 팀의 발표 순서가 되자 검은 선글라스 끼고 현란한 복장을 한 어떤 학생이 멋진 배경 음악과 함께 걸어 나왔다. 그러더니 전체 학생들의 환호와 박수에 맞춰 신나게 춤을 추는 것이었다. 그리고 나서 그 학생은 발표를 시작했다. 그들이 선택한 우수 서비스 리더는 바로 '60대의 보아 총장님'이었다.

보통 대학 총장들은 학생들로부터 평이 좋지 않다. 가끔 뉴스를 통해 '비리총장 물러가라' '부패총장 물러가라'를 외치는 학생들의 모습이 보도될 정도로 학생과 교직원 혹은 임원 간의 사이가 그리 좋지 않은 게 현실이다. 그런데 이번에 학생들이 최고의 서비스 리더로 '60대 보아' 이경숙 총장을 뽑은 것을 보고 '정말 많은 학생들이 학교와 총장에게 신뢰와 존경심을 가지고 있구나' 하는 생각이 들었다. 춤추는 총장의 모습은 학교 축제 때 눈으로 직접 확인할 수 있다. 학생, 학부모들 앞에서 미니스커트를 입고 선글라스를 쓴 채 춤을 추는 60대 할머니가 바로 이경숙 총장이다. 이경숙 총장은 자신이 가진 끼와 재능으로 주변사람들을 유쾌하고 활발하게 만들 줄 아는 '블루스타킹'의 전형적인 모습이다. 그녀는 2000년부터 해마다 5월에 만 20세가 되는 학생들의 학부모들을 초청해 깜짝 이벤트를 선보인다. 그동안 테크노댄스, 난타공연 등 다양한 춤 솜씨를 선보였다고 한다. 공연 중에 혹 실수라도 하면 곳곳에서 웃음이 터져 나오지만 그녀는 아랑곳하지 않는다. 이경숙 총장의 이러한 노력이 대학 구성원들을 한곳으로 뭉치게 하는 비결이 아닌가 한다.

이경숙 총장은 실용주의적인 경영방침을 가지고 대학을 이끌어가고 있다. 그녀는 기업체에서 20년 이상 실무 경력을 쌓은 사람들을 학교로 데려와 강의할 수 있도록 기회를 주고 있을 뿐 아니라 교수들이 다양한 교수법으로 강의의 혁신을 꾀할 수 있도록 적극적으로 지원하고 있다.

내가 처음 숙명여대에 왔을 때 느낀 것은 "대학은 아직도 경쟁의 무풍지대구나"라는 것이었다. 기업에서 경쟁과 긴장, 매출과 성장, 변화와 혁신 같은 단어만 듣다가 여유로운 대학 캠퍼스를 보고 있으니까 뭔가 한숨 돌리는 기분이었던 것이다. 그런데 출강을 하면서 내 생각이 잘못됐다는 걸 알았다. 학교 전체가 꿈틀거리면서 발전하고 있었기 때문이다. 학교 전체가 마치 토목공사를 벌여놓은 것 같았다. 빠르게 변화하는 도시 재개발 지역처럼 나날이 새로운 모습으로 변신하고 있었던 것이다.

세상을 바꾸는 부드러운 힘, 섬김의 리더십

발전이 멈춘 숙명여대가 대학 혁신 모델로 부상하기까지는 이경숙 총장의 살아 있는 리더십이 결정적인 역할을 했다. 이 총장은 1994년 밀린 세금을 납부하라는 고지서를 받아 들고 임기를 시작했다. 당시 학교는 오랜 기간 만성 적자에 시달리고 있었다. 그리고 교수, 교직원, 동문들은 패배주의와 냉소주의에 빠져 있었다. 이런 상황에서 이경숙 총장은 시대의 변화에 맞춰 명확하고 구체적인 비전을 제시하고 총장 스스로 앞장서서 뛰는 모습을 보여주었다. 그리고 "창학 100주년이 되는 2006년까지 국내 최고를 넘어 세계적인 명문여대로 도약하기 위한 토대를 갖춘다"는 목표를 세웠다.

2004년 교육부로부터 '리더십 특성화 대학'으로 지정된 숙명여대는 '세상을 바꾸는 부드러운 힘', 곧 섬김의 리더십을 슬로건으로 내세웠다. '섬김의 리더십servant leadership'은 지도력을 뜻하는 '리더십 leadership'과 섬기는 정신을 뜻하는 '서번트servant'를 결합한 말이다. 섬김의 리더십은 복종을 강요하는 리더십이 아니라 각 개인의 능력과 인격을 존중하고 배려하는 수평적 리더십의 전형이다. 이러한 섬김의 리더십은 이경숙 총장의 인재상과도 맥을 같이 하고 있다.

이경숙 총장은 섬김의 리더십을 발휘할 수 있는 리더상을 추구한다. 그녀는 학생들에게 엄마와 같은 섬김의 리더가 되라고 말한다. 엄마는 앞장서서 아이를 이끌지만 그 바탕에는 자녀를 사랑하고 이해하고 배려하는 마음이 깔려 있다. 이처럼 사람들에게 동기를 부여하고 격려해주면서 바른 길로 이끌 수 있는 사람이 21세기 디지털 시대의 리더라는 것이다. 그러면서 이경숙 총장은 'S 리더십'을 내세웠다. 'S 리더십'은 문화와 교양 지식을 바탕으로 하며, 문제 해결 능력과 변화 적응 능력, 위기관리 능력을 갖춘 '창조적 지식, Sprit', 디지털 기술과 어학 능력, 의사소통 능력을 갖춘 '미래형 기술, Skill', 섬김과 배려, 협동과 헌신의 능력인 '봉사적 성품, Service', 영적·정신적·정서적·신체적 건강을 갖춘 '건강한 심신, Strength'를 근간으로 하는 21세기형 리더십이다.

블루스타킹의 산실 - 숙명여대의 여성 리더십

이경숙 총장의 이런 인재양성 프로그램에 의해 훈련된 글로벌 인재인 블루스타킹들이 사회에서 또 기업에서 어떤 모습으로 성장할 것인가? 오랫동안 기업에서 인재양성교육을 담당했던 나는 그 다음을 상상해봤다. 가상 인물 왕다정 팀장이 어떻게 리더십을 발휘하고 있는지 살펴보자.

왕다정 팀장은 숙명여대를 우수한 성적으로 졸업한 재원으로 재학당시 교내 리더십 그룹 활동과 교외 봉사활동에 적극적으로 참여했고, 학교의 글로벌화 밀레니엄 장학금 지원프로그램에 선발되어 동기 2명과 함께 미국으로 해외 문화탐방을 다녀오기도 했다. 또 1년간 어학연수 마치고 유럽으로 배낭여행을 다녀오는 등 당당하고 야무지게 자신의 미래를 준비한 학생이었다. 그녀는 졸업 후 어느 대기업에 입사했고 노력 끝에 팀장이 되었다.

어제는 부서의 회식이었다. 왕 팀장은 신나는 노래를 부르며 분위기를 휘어잡았다. 노래면 노래, 춤이면 춤. 일이면 일, 못하는 것이 없는 그녀는 빼어낸 미모까지 갖추고 있다. 게다가 누나 같은 모습으로 일일이 직원들을 챙기기 때문에 직원들로부터 절대적인 지지를 받는다.

다음 날 아침, 조찬미팅에 참석한 왕 팀장은 외국으로 출장가시는 사장님을 공항까지 모셔다 드리면서 이번 주의 급한 결재 건을 처리한다.

왕 팀장은 새벽에 끝난 회식 이후 한숨도 못 잤다. 본부장님과 콩나물 해장국으로 속을 달랜 뒤 수고했다는 칭찬과 함께 오늘 하루 푹 쉬라는 특별 배려를 받는다. 갑자기 생긴 여유 시간, 좀더 생산적인 휴식을 위해 늙은이가 무슨 마사지냐고 손사래 치는 시어머니와 함께 찜질방으로 향한다. 고부 간에 나란히 누워 마사지를 받으며 그동안 쌓였던 피로도 풀고 오해도 푼다. 또 오래간만에 아이들과 함께 저녁식사를 한다. 그리고 모든 식구가 다 전화기 앞에 모여 유럽으로 출장 간 남편과 화상통화를 한다.

잠들기 전 회사 ERP시스템에 접속하여 급한 결재 건을 확인한다. 신입사원 나수진 씨는 내일부터 대전으로 교육을 받으러 간다는 메시지를 남겼고, 이 대리는 홍콩으로 일주인간 출장을 다녀오겠다는 인사메일을 보내왔다. 왕 팀장의 팀이 이번 분기 평가에서 1등을 했기 때문에 전 직원에게 해외연수 기회가 주어졌다는 반가운 소식도 있다.

다음날 아침, 왕 팀장은 기분 좋은 마음으로 일찍 출근했다. 그런데 아이가 둘씩이나 있는 덩치 큰 김 과장이 덥석 왕 팀장에게 안긴다. "팀장님 만세!"

왕다정 팀장은 시대 흐름에 맞는 합리적이고 바람직한 교육을 통해 개인과 조직의 삶 속에서 최선을 다하며 진정한 리더십을 발휘하며 살아가는 사람이다. 또 어떤 역할이 주어져도 자신 있게 수행할 수 있으며 어려움이 있다 하더라도 원칙을 가지고 편견이나 왜곡 없이 최선을 다해 문제를 해결해나간다.

숙명여대 이경숙 총장은 이러한 여성인재들을 길러내는 것을 목표로 하고 있다. 그리고 이러한 목표는 그녀의 'S 리더십'을 통해 서서히 현실화되어가고 있다.

2. 두바이 셰이크 모하메드의 개방과 개혁의 리더십

히잡을 벗어 던진 중동의 여성들

브로치 외교로 유명한 올브라이트 전 미국 국무장관은 중동을 방문할 때면 항상 거미줄 브로치를 가슴에 달았다고 한다. 그만큼 중동은 종교적으로나 정치적으로 매우 복잡한 지역이다. 히잡을 쓴 여성들처럼 베일에 싸인 느낌이다. 그러나 중동은 천혜의 자원인 석유 덕분에 엄청난 부를 누리고 있는 곳이기도 하다.

2007년 9월, 우리나라의 한 호텔에서 세계여성포럼이 열렸다. 세계의 많은 여러 여성리더들이 참여했지만 그 중에서도 가장 눈에 띤 사람은 히잡을 벗어던진 중동의 여성이었다. 여성 인권의 불모지였던 이슬람에서는 최근 해외 유학파와 지성과 미모를 겸비한 왕족들을 중심으로 과감하게 히잡을 벗어던지고 있다. 그리고 국제사회에서 새로운 이슬람의 여성상을 보여주고 있다.

2007년 '국제평화의 날' 행사에서 반기문 유엔사무총장은 두바이의 하야 왕비를 평화대사로 위촉했다. 요르단 공주출신으로 영국의 옥스퍼드를 나온 하야 왕비는 이미 전 세계 빈곤 국가들을 방문하여 유엔 세계식량계획대사로 활약하고 있었다. 세계에서 가장 아름다운 왕비로 꼽히는 요르단의 라니아 왕비 역시 세계경제포럼 패널로 참석하는 등 활발한 국제 활동을 벌이고 있으며, 카르타의 나세르 왕비는 이슬람권의 왕비들과는 다르게 매 맞는 아내를 위한 쉼터를 만드는 등 폭넓은 정치활동을 하고 있다.

현재 중동은 개혁과 개방 그리고 고유가로 인한 호황이 겹쳐 어느 때보다 빠른 속도로 성장하고 있다. 20~30대의 '뉴 모슬램 족族'이라고 일컬어지는 신세대들이 개혁과 변화의 바람의 주역이 되고 있다. 이들은 인터넷과 자동차, 휴대폰 같은 첨단 문화를 누리며 헬스클럽과 나이트클럽을 드나드는 세대다. 그동안 잠자고 있던 중동이 이제 엄청난 돈다발을 들고 해외시장으로 나서기 시작한 것이다. 물론 많은 경제 대국들의 돈주머니도 끌어들이고 있다. 이처럼 조용하던 중동이 갑자기 세계의 이목을 집중시키며 부富의 상징으로 떠오를 수 있었던 것은 미래를 앞서 바라보았던 탁월한 리더들의 창조적 리더십이 있었기 때문에 가능했다.

변화의 진앙지는 두바이다

나는 베일에 가려진 중동에 아무리 탁월한 리더가 있다 하더라도 그렇게 큰 영향력을 기대하기는 어렵다고 생각했다. 정치적으로 복잡한 문제들을 뚫고 경제적 부흥을 이룬다는 것이 정말 쉽지 않아보였기 때문이다. 그런데 이런 상황에서 석유가 언제까지나 자신들과 후손들에게 영광을 가져다주지 못할 것이라는 사실을 감지한 한 탁월한 리더가 나타났고 이 어려워 보이는 상황을 개척해나가기 시작했다. 그리고 상상을 초월하는 기적을 만들어냈다. 역시 궁하면 통한다고 먹고 사는 문제만큼 절실한 것은 없는 것 같다. 그동안 감춰놓고 먹었던 양식(기름)이 다 떨어져가고 있기 때문에 생존의 욕구Needs가 창조를 불러일으킨 것이다.

불과 40여 년 전만 해도 작은 어촌에 불과했던 두바이는 현재 천문학적인 액수의 달러를 빨아들이는 '부의 깔대기'가 되었다. 인구 75만 명당 한 명꼴로 백만장자라고 하니 어느 정도인지 짐작할 만하다. 두바이에서는 세계 최대, 세계 최고급이라는 수식어를 무색하게 할 정도로 새로운 역사가 계속 일어나고 있다. 아니 역사를 새로 만들고 있다.

세계에서 가장 높은 부르즈 두바이 빌딩을 건설 중인 삼성은 빌딩의 층수를 아예 정해놓지 않는다고 한다. 누군가 최고의 빌딩에 도전하면 다시 빌딩의 층수는 올려야 하기 때문이다. '한 사람이 꾸는 꿈은 단순한 꿈에 지나지 않지만 여러 사람이 함께 꿈을 꾸면 그것은 현실이 된다'는 징기스칸의 말을 굳이 빌리지 않더라도 두바이 국민들의 꿈은 이미 현실이 되어 버렸다.

두바이는 신비의 나라답게 상품보다는 이야기와 감동을 파는 나라를 꿈꾸었다. 그리고 아라비안나이트와 같은 스토리텔링 마케팅으로 많은 사람들을 유혹하고 있다. 눈에 보이지도 않는 것을 국민 전체가 함께 꿈꾸게 할 수 있는 상상의 힘, 그것이 오늘날 우리가 부러워하는 두바이의 기적의 리더십이다.

그렇다면 두바이는 도대체 어떤 꿈을 꾸었던 것일까? 흔히 말하는 '기적'이라는 말은 전혀 생각이나 상상해본 적이 없는 것에 대해 사람들이 하는 이야기다. 하지만 항상 그 꿈을 실현하기 위해 준비하고 기회를 기다린 사람에게는 그것이 절대 기적이 아니다.

두바이의 지도자 셰이크 모하메드Sheikh Mohammad의 꿈은 기존의 리더들이 꿈꾸었던 목표와는 상상할 수 없을 정도로 달랐다. 그는 디

지털 시대에서나 가능한 '무한대의 원'에 해당하는, 그러니까 일반사
람들은 전혀 관심을 갖지 않았던 영역에 관심을 갖고 그것을 자신의
꿈의 방향으로 잡았다.

두바이를 '중동의 진주' '걸프의 맨해튼' '아랍의 싱가포르'라고 부
르던 시절은 이제 옛 일이 되었다. 이제 두바이는 '충격과 기적' '역발
상' '익스트림' '세계 최고' '불가사이' 같은 단어들이 어울리는 곳이
되었기 때문이다. 우리는 자신이 경험한 것만큼 상상할 수 있다. 두바
이의 지도자 셰이크 모하메드는 어떤 경험을 통해서 이런 상상을 할
수 있었을까?

그는 문학과 시 그리고 스포츠를 좋아하는 사람이었다. 부유한 왕
족 출신이었기 때문에 영국의 수준 높은 교육도 받을 수 있었다. 그곳
에서 그는 영국의 상류층 자제들과 친분을 쌓았으며 다양한 사람들과
인적 네트워크를 형성했다. 그리고 물질적인 풍요가 사람에게 어떤
행복을 가져다주는지도 알게 되었다.

예술에서 출발하는 리더십의 파워

셰이크 모하메드는 '모래의 딸'의 의미를 가지고 있는 나비티nabati
라는 시를 어릴 적부터 좋아했다고 한다. 그리고 직접 〈사랑의 상징〉
이란 시를 쓰기도 했는데 이 시는 두바이 국민들로부터 많은 사랑을
받고 있다.

셰이크 모하메드가 가진 이러한 감성 그리고 사람과 사물에 대한 깊은 관찰과 애정이 바로 창의적이고 기발한 아이디어의 원천이었다. 그의 내면의 상상력과 창의력이 결국 상상할 수도 없는 환상의 나라를 만든 것이다. 세계지도 모양의 인공 섬 '더 월드', 디즈니랜드보다 더 환상적인 '두바이랜드', 범선 모양의 '부르즈 알 아랍 호텔' 등이 들어서 있는 두바이는 도시 전체가 하나의 예술품이라고 해도 과언이 아닐 정도로 아름답다.

두바이가 이렇게 되기까지는 두바이의 지도자 셰이크 모하메드의 리더십이 결정적인 역할을 했다. 그가 국민들의 절대적인 신뢰와 지지를 받을 수 있었던 이유는 '경제적인 번영' 때문이었다. 그는 실용주의를 바탕으로 현실적 한계를 뛰어넘어 거대한 '부富'를 두바이에 구축했고 이는 결국 두바이 국민들의 삶의 질을 향상시켰다. 그러나 셰이크 모하메드의 경제 철학은 단순히 서구의 실용주의에 바탕을 둔 것이 아니었다. 서구의 실용주의를 따라하는 것처럼 보이지만 실제는 그들의 저변에 깔려 있는 옛 아라비아 상인의 '상인 정신'이 바탕이 되었다. 정치와 종교적 힘의 원천이 되는 이슬람 문명을 떠받치는 것도 이러한 '상인 정신'이다. 이슬람의 발현지인 메카는 오래전 동서 무역의 중심지였다. 당시 그곳에서는 상업을 장려하고 개인의 상행위를 적극 권장했는데 이는 오늘날 서구 사회가 추구하는 '실용주의' 사상을 능가하는 것이었다고 한다. 즉, 셰이크 모하메드는 두바이 국민들이 가진 이러한 저변을 최대한 이끌어낼 줄 알았던 것이다. 그리고 그는 역경 속에서도 그의 꿈을 향에 나아가는 것을 멈추지 않았다.

9.11테러 이후 '테러와의 전쟁'이 벌어지는 등 중동에 관한 인식이 좋지 않았을 때도 미국의 많은 부자들은 두바이에 앞다투어 투자했다고 한다. 이는 셰이크 모하메드의 개혁과 개방 정책 때문이었다. 그는 당시 '허브는 개방이다. 열린 마음으로 모든 것을 개방하는 자세가 필요하다. 외국 자본만 끌어올 수 있다면 나라를 발칵 뒤집어놔도 좋다'고 말하며 외국 자본 유치에 적극적으로 나섰다.

그리고 두바이에 빠른 의사결정 시스템과 e행정 시스템을 갖추어 외국인들의 투자환경을 최적으로 만들었다. 그 결과 현재는 자국 인구의 10배가 넘는 외국인들이 두바이를 자유롭게 드나든다고 한다. 사람이 드나드는 곳에는 돈이 있게 마련이다.

두바이의 지도자 셰이크 모하메드는 상상력을 세일즈하는 사람이다. 두바이에 방문한 사람들은 그의 이야기와 상상력에 엄청난 돈을 지불한다. 그는 미래를 예측하고 준비하는 능력을 갖춘 지도자로 앞으로 나아가는 데 방해가 되는 모든 악습과 폐단을 과감하게 벗어 던

짐으로써 이러한 개혁과 개방을 성공적으로 이루어냈다. 이것이 바로 셰이크 모하메드만의 개혁과 개방의 리더십이다. 두바이를 비롯한 중동의 파워가 앞으로 세계화의 새로운 물결이 되어 얼마나 많은 나라의 국민들의 삶에 영향력을 미치게 될지는 가히 상상할 수 없다.

3. 스타벅스 하워드 슐츠의 감성과 직관의 리더십

지친 현대인들을 위한 광장 속의 밀실

시내에서 약속을 하거나 모임이 있을 때는 대중교통을 이용하는 것이 훨씬 편하다. 교통체증으로 도로에서 꼼짝할 수 없으면 아무리 좋은 차라도 무용지물이 되기 때문이다. 대중교통을 이용하다보니 항상 약속 시간 전에 약속 장소에 도착한다. 좀 일찍 서둘렀을 때는 한 시간 이상 시간이 남을 때도 있다. 하지만 약속 시간까지 기다리는 그 시간이 나에겐 소중한 시간이 되기도 한다.

그럴 때는 보통 주변의 스타벅스를 찾는다. 남은 시간 동안 편하게 쉴 수 있는 곳으로 스타벅스만큼 좋은 곳이 없기 때문이다. 마치 수많은 사람들이 오가는 광장 속에서 오감을 만족시켜주는 나만의 밀실로 들어가는 것 같다. 우선 구수한 커피 향기가 내 발걸음을 재촉하게 만든다. 가게 안에 들어서는 순간 잔잔하게 들려오는 음악소리는 마음을 차분하게 해준다. 나는 보통 바쁘게 움직이는 사람들이 잘 보이면서 햇볕이 약간 내리쬐는 창가에 자리를 잡고 머그잔에 담긴 커피의 향기를 맡으며 여유 있는 시간을 갖는다. 어떤 방해도 없는 시간 속에서 나만의 시간을 갖는 것이다.

이제 스타벅스는 의무와 역할만이 존재하는 가정과 직장을 벗어나 내 영혼을 살찌우게 하는 제3의 공간이 되었다. 나는 이곳에서 짧은 시간이나마 나를 되돌아보곤 한다. '지나친 욕심과 아집을 부리는 건 아닐까?' '내가 스스로 맑은 물이 될 수 있어야 내 주변사람들을 더 푸르게 할 수 있다.' '나 스스로 기름진 밭이 되자. 그래야만 나로 인해 모든 이들이 행복해질 수 있다.' 등의 생각을 하면서 말이다. 그래서 나는 이곳을 참 좋아한다. 또 가끔은 외인씨人이 되어 다른 군상들의 움직임과 표정을 관찰하는 것도 재미있다.

스타벅스는 한컷 한컷이 그림 속의 한 장면 같다. 손님에게 아무런 부담을 주지 않으면서 바쁘게 일하는 매장 직원들. 그리고 그 앞에 줄을 선 사람들. 또 편안한 자세로 책을 읽는 사람과 눈으로 이야기를 나누는 다정한 연인도 있다. 이러한 편안한 분위기가 스타벅스를 생동감 넘치는 곳으로 만들고 있다. 일상 중의 짧은 시간이지만 그곳에 있는 동안은 참 달콤하다.

글로벌 리더 하워드 슐츠의 감성 리더십

리더십, 어떻게 보면 거창해 보이지만 우리 모두의 일상생활 속에 존재한다. 스타벅스의 인기제품인 프라푸치노와 뜨거운 컵을 쥐는 데 도움을 주는 판지 슬리브는 매장의 한 직함 없는 직원이 개발한 것이라고 한다. 그 매장 직원에게는 프라푸치노를 개발해야 한다거나 판지 슬리브를 생각해 내야 할 의무가 없었다. 하지만 그 직원은 자신의 일에서 고객을 생각하며 고민했기 때문에 결국 아이디어를 창안해냈다. 스스로를 바로 세우는 셀프 리더십의 참모습을 보여준 것이다.

셀프 리더십과 임파워링 리더십을 넘어설 수 있게 하는 상상력의 리더십은 인간에 대한 깊은 이해와 사랑에서 출발한다. 인간에 대한 깊은 이해와 사랑으로 자신의 일에서 엄청난 성과를 내고 있는 스타벅스의 하워드 슐츠Howard Schultz는 상상력의 리더십을 발휘한 대표적인 리더로 꼽힌다.

처음에 스타벅스는 단지 커피가 맛있어서 성공하는 것처럼 보였다. 그러나 스타벅스는 커피뿐 아니라 그 공간 자체를 매력적으로 만들어냈기 때문에 많은 사람들의 공감을 이끌어 낸 것이다.

하워드 슐츠는 뉴욕의 빈민가에서 태어났다. 미시건 대학에서 비즈니스학을 공부했고 제록스사의 마케팅 분야에서 3년간 일했다. 그러다 우연히 스타벅스의 커피맛과 경영방식에 매료되어 스타벅스의 마케팅 책임자로 합류하게 되었다. 그리고 스타벅스를 세계 최고의 커피브랜드로 성장시켰다. 그는 커피를 갈아 금으로 만드는 사람이라는 평을 들을 정도로 천 년의 커피 역사를 뒤집어버린 사람이다. 그의 성공신화 뒤에는 인간에 대한 사랑과 호기심이 있다. 그리고 공상과 상상을 통해 새로운 패러다임을 창조했다. 그는 "비전이란 다른 사람들이 보지 못한 것을 먼저 깨닫는 것"이라고 말한다.

하워드 슐츠는 이탈리아를 여행하면서 앞으로 미국은 풍부한 물질문명에 의해 오히려 사람들 사이의 강력한 유대관계와 따뜻한 인간미를 그리워하게 될 것이라고 내다봤다. 그래서 유럽처럼 커피를 마시며 정서적 공감대를 형성할 수 있는 커피 가게를 상상했고, 커피 가게를 단지 커피만 파는 곳이 아닌 다양한 경험을 공유할 수 있는 공공장소로 만들고자 했다. 스타벅스의 성공은 이렇게 시작한 것이다.

하워드 슐츠는 독창적인 아이디어로 고객을 감동시켰다. 커피 잔에 고객의 주문 상태를 표시하거나 얼음의 높이를 체크하는 녹색 눈금이 그려진 커피 잔을 선보였다. 또 고객의 마음을 움직이는 디자인과 서비스를 재창조하였으며 오감을 만족시키는 '스타벅스의 경험'을 감성마케팅 서비스 상품으로 탄생시켰다.

스타벅스 효과와 글로벌 프리미엄

'스타벅스 효과'란 어떤 회사가 혁신을 통해 제품의 '프리미엄'을 증가시키는 것에 성공했을 때, 그 제품 전체가 프리미엄화 되어 높은 가격과 높은 마진을 달성할 수 있게 되는 것을 말한다. 베인&컴퍼니 컨설팅의 연구에 따르면 스타벅스의 출현으로 커피산업 전체가 한 단계 격상되었으며 그에 따른 다양한 프리미엄 제품이 출시되었다고 한다. 스타벅스 커피는 기존의 커피에 비해 가격이 비싸지만 차별화된 커피 맛과 다양한 메뉴 그리고 세련된 매장 분위기로 고객을 끌어들이면서 커피의 프리미엄화에 앞장서고 있다.

스타벅스는 한 잔의 커피를 통해서 사람들로 하여금 '나는 최고의 품질을 찾는 고상한 사람'이라는 느낌을 갖도록 하는 데 성공했으며,

바쁜 현대인들을 위한 휴식의 공간으로 커피 가게를 재창조시켰다. 이제 스타벅스는 오늘날의 삶의 질과 수준을 가름하는 문화적 아이콘이 되었다.

우리나라에서 부동산 경기가 한창일 때 그 지역의 땅값의 시세를 알아보는 방법 중 하나가 그 동네에 스타벅스와 같은 커피 매장이 얼마나 많이 들어와 있느냐를 알아보는 것이라고 한다. 그만큼 스타벅스는 지역 주민들의 생활 수준을 가름하는 척도가 되고 있는 것이다.

하워드 슐츠는 노블리스 오블리제를 실천하는 CEO로도 잘 알려져 있다. 모든 이익금을 커피가 재배되고 있는 지역사회와 각 나라에 재투자하고 있고 일회용 종이컵에 의해 손상되는 지구촌 환경보호를 위해 사내 환경위원회를 발족하고 '지구의 날'을 위한 여러 가지 환경 캠페인에 앞장서고 있다.

스타벅스는 앞으로 우리 삶의 척도를 바꾸며 다양한 부가가치를 만들어내는 미래지향적인 기업으로 자리할 것이다. 인간에 대한 사랑과 이해를 바탕으로 한 하워드 슐츠의 감성과 직관의 리더십이 없었다면 이 모든 것들은 불가능했을지도 모른다. 그는 아직도 종업원들과 파트너가 되어 늘 그들과 함께하는 섬김의 리더십을 보여주고 있다. 직원들 역시 고객과의 지속적인 에너지가 흐르게 하는 신뢰의 리더십을 쌓아가는 중이다. 하워드 슐츠는 이 모든 것을 앞장서서 실천하는 리더로서 '상상의 원'을 넘어서 무한대의 영역까지 막강한 영향력을 행사할 것이다.

글로벌 리더십, 테크놀로지 리더십을 보여준 리더(무한대의 원)

1. 천사들의 합창 오프라 윈프리의 커뮤니티 리더십

가장 낮은 곳에서 가장 높은 곳까지 오른 여인

내 수업을 듣는 학생들에게 글로벌 리더 중에 가장 본받고 싶은 롤 모델을 찾아보라고 하면 가장 많은 학생들이 오프라 윈프리Oprah Gail Winfrey를 꼽는다. 오프라 윈프리는 엄청난 부와 명성 그리고 막강한 영향력을 행사하는 세계적인 토크쇼 진행자다.

흑인인 그녀는 열악한 가정환경 속에서 자란 뚱뚱하고 볼품없는 외모를 지닌 미혼모였지만 이제 그녀의 불행했던 과거에 관심을 갖는 사람은 거의 없다. 미국이라는 나라에서 성공과는 거리가 먼 모든 조건을 갖춘 사람임에도 불구하고 자신의 꿈을 이루었기 때문이다. 그녀는 역경과 시련 앞에서 피나는 노력으로 자신에게 주어진 위기를 기회로 만들었다. 그리고 그녀의 성공 스토리에는 다른 글로벌 리더에게서는 찾아볼 수 없는 인간적인 냄새가 배어 있다.

그녀는 현재 자타가 공인하는 토크쇼 여왕이다. 그뿐 아니라 30회 이상 방송 에이미상을 수상했고 《보그》지의 모델과 영화배우를 하기도 했다. 또 영화와 TV프로 제작, 출판, 인터넷 사업을 망라하는 하포 엔터테인먼드그룹의 회장이기도 하다. 1998년 《포춘》지가 선정한 미국 최고의 비즈니스 우먼 2위에 뽑힌 그녀는 《인콰이어러》지 선정 '세계 10대 여성'에 포함되기도 했을 만큼 이 시대의 대표적인 여성 리더다.

가장 낮은 곳에서 가장 높은 곳까지 오른 그녀는 세계 모든 여성들의 선망의 대상이 되고 있다.

오프라 윈프리는 모든 여성의 성공모델

오프라 윈프리는 전 세계 많은 여성들로부터 흠모와 존경을 받고 있다. 그렇다면 그녀의 어떤 점이 많은 사람들을 끌어들이는 걸까?

오프라 윈프리는 토크쇼를 통해서 성性과 인종, 나라와 집단의 경계를 넘어 모든 사람들이 공감하는 희망의 본보기를 만들어냈다. 그녀의 쇼를 시청한 전 세계의 모든 이들은 하나같이 그녀가 보여준 사회적 약자들의 슬픔에 함께 아파하고 그들의 성공에 같이 기뻐한다. 그녀의 토크쇼를 시청하는 사람들이 미국에서만 1500~2000만 명이라고 하고 전 세계 132개국에서 방영된다고 하니 그 영향력은 가히 상상할 수 없을 것이다. 하나의 작은 TV 프로그램을 통해 전 세계를 하나로 소통시키고 있는 것이다.

오프라 윈프리가 이처럼 대단한 성공을 거둘 수 있었던 것은 그녀가 가진 그녀만의 커뮤니티 리더십이 있었기 때문이다. '오프라화하다Orpranrization'라는 말이 있을 정도로 이제 그녀의 토크쇼는 전 세계에 엄청난 파급효과를 불러오고 있다. 또 '오프라orpra'라는 말은 미국 학생들 사이에서 '고객을 끌어내다'라는 의미로도 통한다고 한다. 그녀 앞에만 서면 아무리 꾸미고 포장해도 소용이 없다. 자연스럽게 자신의 마음이 열리는 것이다. 왜냐하면 그녀가 먼저 자신의 마음을 열고 다가서기 때문이다. 부드러운 리더십, 진실하고 솔직한 자기고백, 상대방의 이야기를 마음으로 듣는 능력이 이러한 마음의 소통을 가능하게 하는 것이다.

나도 학교와 기업체에서 강의를 하고 있지만 어떤 때는 사람들 앞에 나서기가 두렵다. 어설픈 이론이나 어쭙잖은 이야기로 그들을 가르치고 있다는 생각이 들기 때문이다. 마음을 다해서 자신의 이야기를 전달하고 그녀처럼 당당하고 솔직해질 수 있을 때 내 강의도 오프라 윈프리의 토크쇼처럼 강력한 영향력을 발휘하지 않을까.

이런 생각이 들 때마다 오프라 윈프리는 내게 이런 말을 한다. "두려워하지 마라. 두려움 없는 사람은 없다. 중요한 것은 그 두려움 자체에 계속 짓눌리지 말아야 한다는 것이다. 세상의 진실 앞에 당당하게 맞설 수 있는 자신에 대한 신뢰와 용기를 가져야 한다." 이것이 그녀가 세상과 소통하는 방식이다.

21세기 리더는 구성원들의 말을 경청하고 공감하며 치유해줄 수 있는 이러한 커뮤니티 리더십을 갖추어야 한다. 오프라 윈프리는 커뮤니티 리더십을 갖춘 대표적인 리더다. 그녀는 토크쇼뿐 아니라, 배우, 앵커, 잡지발행인 그리고 프로듀서로서 다양한 미디어를 통해 다양한 방식으로 세상과 커뮤니티를 이루며 소통한다.

인권과 교육을 통한 노블리스 오블리제의 실현

오프라 윈프리는 돈을 벌 줄도 알지만 잘 사용할 줄도 아는 사람이다. 그녀는 자신만을 위해 돈을 사용하지 않는다.

"내가 가지고 있는 명성만큼이나 나는 내 구두를 사는 것 이상의 무엇인가를 해야만 한다고 생각해요"라고 말하는 그녀는 어떤 사람에게 도움을 줄 명분이 있거나, 그 목적에 진실한 의미가 담겼다면 자신의 도움을 절실하게 필요로 하는 사람들에게 관대하게 베푼다. 진정으로 자신의 도움을 필요로 하는 사람에게 노블리스 오블리제를 실천하는 것이다. 특히 그녀는 교육의 혜택을 받을 수 없는 사람들을 위해 가장 많은 돈을 사용한다. 가난한 흑인이었던 자신이 성공한 여성 앵커가 될 수 있었던 것은 교육의 힘 때문이라고 믿고 있기 때문이다.

그래서 그녀는 흑인들을 위한 교양교육학교를 세워 운영하고 있고 과학교육을 위해 기금을 내고 있다. 또 대도시 빈민층 거주 지역 학생들이 미국 내 최고의 대학에 입학할 수 있도록 기회를 주고자 노력하고 있다. 지금도 그녀는 남아프리카공화국에 있는 가난한 아이들을 위해 학교를 설립해 인재를 양성하고 있고 '여성 리더십 아카데미'를 만들어서 자신을 뒤따르는 훌륭한 여성인재를 육성하고 있다.

또 어린이의 권리를 찾아주는 일에도 앞장서고 있다. 오프라 윈프리가 힘든 어린 시절을 겪은 것도 하나의 이유겠지만 그녀는 어린이들이 당하는 폭행과 모욕이 성인이 되어서 모든 행동방식에 영향을 미친다고 생각하고 있다. 그리고 이것이 사회의 거의 모든 문제의 근원이라고 보고 있다. 그래서 그녀는 적어도 한 달에 한 번 어린아이에 관한 토론을 진행하고 있고, 아동보호법을 통과시키기 위해 많은 위원들 앞에서 증언하기도 한다. 유년의 어두운 불행에 발목 잡히지 않고 그들의 미래를 향해 거침없이 나아갈 수 있도록 어린 천사들을 위해 많은 꿈과 희망의 소스를 제공하는 것이다. 오프라 윈프리의 인생철학은 다음과 같다.

- 보다 더 가졌다는 것은 축복이 아니라 사명이다.
- 남보다 아파하는 것이 있다면 그것은 고통이 라니라 사명이다. 아파본 사람만이 아픔을 겪는 사람에게 봉사할 수 있다.

- 남보다 설레는 것이 있다면 그것은 망상이 아니라 사명이다.
- 남보다 부담되는 어떤 것이 있다면 그것은 사명이다.

2. e세상의 봉이 김선달, 스티브 잡스의 상상과 창조의 리더십

'e' 세상의 봉이 김선달

얼마 전 가상의 공간 WWW (world wide web)에 내 홈페이지를 만들었다. 그리고 그 자리 값을 누군가에게 지불했는데 아마 대동강 물을 팔아먹던 봉이 김선달 같은 사람이려니 했다. 이와 같은 주인도 없고 눈에 보이지도 않지만 많은 사람들의 정신세계를 지배하고 있는 무한의 공간 'e' 세계가 앞으로 우리 모든 삶에 막대한 영향력을 행사하지 않을까 한다.

《꿀벌과 게릴라Leading the Revolution》의 저자 게리 하멜Gary Hamel은 21세기는 진보의 시대가 끝난 혁명의 시대라고 했다. 눈에 보이는 지도를 바꾸는 것이 '개혁과 개선'이라면 눈에 보이지도 않는 무한대의 가상 공간을 바꾸는 것은 '혁신과 혁명'이다. 이러한 변화의 과정에서 우리는 스티브 잡스Steve Paul Jobs에게 눈을 돌릴 필요가 있다. 스티브 잡스는 이 무한대의 가상 공간을 자기가 원하는 대로 만들어 팔고 있는 대표적인 봉이 김선달이다.

'누가 컴퓨터의 미래를 묻거든 그 사람으로 하여금 스티브 잡스의 눈을 보게 하라'는 기사를 본 적이 있다. 아마 스티브 잡스의 무궁무진한 상상의 세계를 두고 한 말일 것이다. 빌 게이츠가 컴퓨터 소프트웨어의 스페셜리스트라면 스티브 잡스는 기획력과 홍보, 마케팅 능력을 두루 갖춘 제너럴 스페셜리스트라고 할 수 있다. 그는 e세상의 봉이 김선달처럼 자신의 창의력을 펼쳐 보일 수 있는 시장을 만들어낼 줄 아는 사람이다. 또 이미 잘 차려진 글로벌 네트워크 위에 감각적이고 창의적인 상품을 얹어놓으며 사람들의 마음을 사로잡을 줄도 안다.

이 세상은 윤석금 회장의 네트워크 리더십처럼 안에서부터 바깥으로 퍼져나가는 패러다임과 스티브 잡스의 글로벌 리더십처럼 '무한대의 원' 바깥에서 안으로 파고 들어오는 패러다임이 뒤섞여 있다. 사람들은 이런 영향력의 원들이 서로 충돌하는 세상에서 살고 있다. 그래서 가치관의 혼돈, 영역의 파괴 등이 우리 주위에서 빈번이 일어난다. 물론 이러한 현상이 전혀 새로운 세상을 창조하기도 한다.

이처럼 디지털과 아날로그가 뒤섞인 혼돈의 세상에 사는 사람들은 디지털의 편리성을 누리면서도 아날로그적 감성을 그리워한다. 스티브 잡스는 이것을 포착하고 창조적 리더십으로 세상 사람들의 기대를 충족시켜주었다.

외골수 엔지니어에서 감각적 마케터로

눈물 젖은 빵을 먹어본 사람만이 인생의 의미를 안다고 했듯이 누구도 경험하지 못한 처절한 실패를 맛본 사람만이 사람의 마음을 사로잡는다는 것이 어떤 것인지를 잘 아는 것 같다. 스티브 잡스, 그는 자신이 만든 회사에서 해고되는 아픔을 겪기도 했고 췌장암을 선고받기도 하는 등 파노라마 같은 인생을 살아왔다. 이러한 과정을 겪으면서 성공과 실패의 차이는 결국 스스로를 바꿀 수 있는 힘을 얼마나 가졌는가의 달려 있다고 생각한다. 처음 애플이라는 회사를 떠날 때는 자기중심적이고 기술신봉자인 경영자였다면 다시 애플로 돌아왔을 때는 컴퓨터를 사용하는 고객을 얼마나 감동시킬 수 있느냐를 중요시하는 감성경영자가 되어 있었다.

외골수 엔지니어가 감성의 세계로 들어설 수 있었던 것은 단편 애니메이션 영화를 제작하면서부터다. 세계적으로 흥행에 성공한 월트 디즈니 사의 〈토이스토리〉를 제작하면서 애니메이터는 스케치를 잘하는 것이 중요한 것이 아니라 관중들보다 훨씬 앞선 상상의 세계를 만들어가 갈 수 있느냐가 중요하다는 것을 알게 되었다. 그리고 단순 테크닉에 의한 스케치보다 사람의 감성을 화면으로 보여줄 수 있어야 한다고 생각한다.

기술과 창조의 결합, 그 언어가 바로 디자인이다. 맥킨토시로 대표되는 좌뇌경영과 디즈니랜드로 대표되는 우뇌경영을 아우르는 전뇌적 사고whole brain thinking가 바로 창조경영의 핵심이라는 것을 배운 그는 애플사로 다시 복귀했다.

감성적인 기술자이자 창조적인 경영자로 돌아온 스티브 잡스는 인터넷이라는 가상의 공간에 '음악'이라는 주제를 상품으로 만들어 팔기 시작했다. 기존의 MP3 플레이어를 단순히 음악만 듣는 기계가 아니라 디지털 뮤직 시스템으로 만들어야겠다는 창조적 발상을 했고 이 발상은 음악시장을 새로운 시대에 맞게 변화시켰다. 또 고객 지향적 이면서도 시장 지향적인 경영 혁신이 자신을 비롯한 모든 애플사의 역할과 일의 방식을 바꾸어놓았다.

세계에 영향력 있는 수많은 리더들 가운데 우리가 스티브 잡스를 주목해야 하는 이유는 새로운 시대의 창조적 파괴와 그만의 비범한 열정으로 사람들의 라이프스타일을 바꾸는 새로운 세상을 만들어가 고 있기 때문이다. 우리는 항상 기존의 틀을 깨고 새로운 것을 추구하 는 그의 창조적 자세를 배워야 한다.

디지털 시대의 새로운 문화 아이콘 창조자

《파이낸셜타임즈》는 2005년 10월 '사람들의 삶을 바꾸고 있는 가 장 영향력 있는 부호' 25인을 발표했다. 여기에 스티브 잡스는 빌 게이 츠에 이어 2위에 이름을 올렸다. '가장 영향력 있는 부호'는 단순히 재 산이 많다는 말이 아니라 현대인의 삶과 사고방식에 미친 영향이 지 대하다는 것을 의미한다. 스티브 잡스가 아이팟과 아이튠스로 디지털 음악시장을 석권하면서 많은 사람들의 생활패턴을 바꿔 놓은 것이 높 이 평가된 것이다.

다른 부호에 비해 재산 규모가 10분의 1정도밖에 안 되는 스티브 잡스가 영향력 있는 부호 2위에 오른 것은 그만큼 그의 혁신성이 뛰어 나다는 것을 입증한 것이다. 또 세계적인 컨설팅 업체인 보스턴 컨설 팅그룹은 전 세계 940명의 고위경영자들을 상대로 조사한 결과 스티브 잡스가 가장 창의성 있는 경영자, 예술가형 CEO 1위로 선정되었다. 스티브 잡스는 제품을 창의성 있는 디자인으로 만들고 예술적 감각을 덧입힘으로써 상품이 사람들 가까이에 있도록 했다. 그는 세상을 바꾸겠다는 비전과 열정으로 컴퓨터, 영화, 음악 등 3가지 산업의 확실한 아이콘으로 자리매김 했다.

3. 월드비전 한비야의 나눔의 리더십

세계를 가슴에 안고 태어난 그녀

대학 본관 중강당으로 학생들이 우르르 몰려가고 있다. "한비야가 왔대." 나는 오지탐험가 한비야가 이렇게 우리 학생들에게 인기가 있는지 몰랐다. 마침 시간이 비어 나도 강당 뒷자리에 자리를 잡았다. 약간 빠르면서도 굉장히 열정적인 에너지를 가진 한비야 씨의 목소리는 무척 인상적이었다. 동시대 비슷한 연배로 살아가는 여성으로서 '어쩌면 저렇게 활기차고 당당할 수 있을까?' '어쩌면 저렇게 큰 세상을 가슴에 안고 살아갈까?' 하는 생각이 들기도 했다. 그녀는 자신의 욕심보다는 나누어주어야 할 사람을 먼저 생각하고 나누어주는 힘의 위대함을 강조하는 '나눔의 리더십'을 실천하는 리더다. 광고비로 받은 1억 원을 망설임 없이 아프가니스탄 난민에게 기부할 정도로 자신의 사명이 명확한 사람이다. 이 지구상에 TV로 오프라 윈프리쇼를 시청하고 스티브 잡스의 아이팟과 아이리버의 혜택을 누리는 사람이 몇

퍼센트나 될까?

한비야의 강연을 들으면서 오늘날 모든 사람들이 앞다투어 말하고 있는 글로벌 리더십이라는 것이 세상에서 가장 화려하고 빛나 보이는 면만 쫓아가는 신기루 같다는 생각이 들었다. 그녀야말로 물의 특성을 골고루 닮은 물결의 리더십의 종합결정판 같았다. 그녀는 물의 평등성처럼 스스로 낮은 곳으로 흐르고, 물의 포용성처럼 세상의 모든 사람을 가슴에 품을 줄 알고, 물의 행동성, 에너지성, 활력성, 과감성처럼 욕심 없이 자신을 세상에 희석시키며 살아가는 진정한 글로벌 리더다. 스티브 잡스가 개발한 e세상의 상품을 한 번씩 클릭할 때마다 떨어지는 동전 하나면 오지에서 기아로 죽어가는 몇 사람의 목숨을 살릴 수 있다고 한다. 문명 세상에서의 리더십은 디지털 시스템으로 네트워크 할 수 있다고 하지만 디지털 세상 바깥인 문명의 오지에서 살아가는 사람들의 가슴은 어떻게 묶어줄 수 있을 것인가.

마더 테레사 수녀 그리고 간디와 같이 헌신적이고 봉사적인 글로벌 리더와 한비야는 좀 다른 느낌이었다. 그녀는 오지를 탐험하면서 기록한 것들 그리고 이라크와 아프리카의 참혹한 상황을 실시간으로 문명세계에 전송하여 알리고, 거기에서 발생하는 이익금을 다시 오지로 환송하여 그들과 나눈다. 디지털과 아날로그, 문명과 오지의 세상을 자유롭게 넘나드는 진정한 전천후 리더인 것이다. 현재 그녀가 맡고 있는 손발이 필요한 세상 어디든지 달려가는 월드비전 구호 팀장이란 역할은 하늘이 그녀에게 내려준 소명인 것 같다.

언제나 자신의 몸으로 말하는 나눔의 미학

집안 곳곳에 세계지도를 놓아둔 부모님 덕택에 그녀는 어릴 때부터 세계를 무대로 살아야겠다고 생각했다. 그리고 언젠가는 전 세계를 내발로 걸어보겠다는 야심찬 꿈을 키웠다.

《바람의 딸 걸어서 지구 세 바퀴 반》이란 책에서부터 최근 《지도 밖으로 행군하라》까지 그녀가 쓴 책들은 그녀가 온몸으로 말한 것들을 활자를 통해 옮겨놓은 것에 불과하다. 누구보다도 앞장서서 몸으로 실천하는 그녀의 모습은 그 어떤 것보다도 강력한 설득력을 지니고 있고 국경을 넘나드는 그녀의 사랑의 법칙은 정글의 법칙에 사는 우리 사회에 놀랄만한 영향력을 미치고 있다.

"이제는 빛의 딸이 되고 싶어요. 태양처럼 큰 빛은 못 되더라도 손 안에 든 작은 촛불이나 등불 정도라도 제가 가는 곳을 밝고 따뜻하게 해주고 싶어요." 얼마 전 한비야 씨가 라디오 방송에서 한 말이다. 7년 간 오지여행을 하면서 얻은 별명인 '바람의 딸'도 좋지만 이제는 세상을 밝고 따뜻하게 하는 '빛의 딸'이 되고 싶다는 것이다.

세계 각국, 그것도 오지란 오지는 다 돌아다니며 수많은 사람들을 만난 그녀는 오지에 있는 사람들의 따뜻한 마음과 함께 그들의 고통을 보았다. 단돈 800원이 없어서 죽어가는 아이들을 보며 그녀는 7년 동안의 아프리카 여행이 끝나면 꼭 이 아이들을 돌보는 곳에서 일하고 싶다고 굳게 생각했다. 누구나 동경하는 화려하고 멋진 여행이 아니라 오지로 돌아다니며 사람들과의 진정한 만남과 호흡을 얻고자 했던 그녀는 세상의 아픔을 감싸고 자신의 모든 것을 나눌 줄 아는 진정한 리더다. 물질적 풍요에 익숙해진 사람들은 자신이 가진 것들을 쉽게 나누지 못한다. 이런 시대에 살고 있는 우리에게 가장 필요한 것은 아마도 '나눔의 미학'일 것이다. 자기 과시로서가 아닌 인간이 인간을 존중하고 사랑하는 가장 기본적인 마음으로 자신이 가진 것을 나누어줄 수 있는 마음, 바로 그것이 이 시대의 진정한 '리더'의 모습이다.

건강한 자신의 삶에서 출발하는 에너지의 원천

그녀는 어떤 일을 하기 전에 그 일이 '핵심의 원'인 자기 자신을 만족시킬 수 있는지에 대해서 가장 먼저 생각한다. 그리고 그 일이 자신을 만족시키는 일이라면 남들이 뭐라고 하든 "아무 상관없어, 내가 하고 싶으니까"라고 말한다. 타인을 무시한다는 말이 아니다. 꿈을 이루기 위해서 내가 진정으로 하고 싶은 것이 무엇인지를 찾는다는 것이다. 하고 싶은 일만 하면서 살기에도 짧은 인생이지만 내 가슴을 뜨겁게 하는 것을 찾아내고, 그 뜨거운 것을 향해 한 걸음 내딛는 열정을 찾아내는 것은 정말 중요하다.

스스로를 만족시킬 줄 모르는 사람은 결코 타인을 만족시킬 수 없을 것이다. 우주의 중심은 건강한 자신으로부터 출발하는 것이다. 그래야 나로부터 시작하는 물결 리더십이 주변으로 크게 그리고 더 멀리 나아갈 수 있기 때문이다.

누군가와 눈을 마주하고 이야기를 나눌 때 우리는 서로의 에너지를 주고받는다. 그녀는 무엇보다도 자신의 생산적인 에너지를 나누어주는 사람이다. 언제나 희망과 사랑과 열정으로 가득 찬 그녀를 대면한 사람들은 누구나 그녀의 에너지를 나눠 받게 된다. 이것이 마음을 뜨겁게 하는 열정의 나눔인 것이다.

우리에게도 이러한 '핵심의 원'과 '무한대의 원'을 자유롭게 넘나들 수 있는 열정적인 나눔의 에너지가 존재하고 있다. 그 에너지를 내면에서 가꾸어 타인과 진심으로 나눌 수 있을 때 우리는 진정한 리더로 굳게 서 있는 자신을 발견할 것이다. 사람에 대한 사랑, 자신의 삶에 대한 열정, 긍정적이고 낙천적인 에너지, 주변 사람들을 감동시키고 행복하게 만드는 능력을 갖춘, 물의 특성을 닮아 물처럼 맑고 세차며 물과 같이 청명한 그녀야말로 모든 사람들이 따르고 싶어 하는 진정한 글로벌 리더가 아닐까 한다.

나는 세상이 만들어놓은 한계와 틀 안에서만 살 수가 없다. 안전하고 먹이도 거저 주고 사람들이 가끔씩 쳐다보며 예쁘다고 하는 새장 속의 삶. 경계선이 분명한 지도 안에서만 살고 싶지 않다.

나는 새장 밖으로, 지도 밖으로 나갈 것이다. 두 날개를 활짝 펴고 날아다닐 것이다. 스스로 먹이를 구해야 하고 항상 위험에 노출되어 있지만, 그것은 자유를 얻기 위한 대가이자 수업료다. 기꺼이 그렇게 하겠다. 길들이지 않는 자유를 위해서라면 ……

《지도 밖으로 행군하라》 중에서

나로부터 시작하는 물결 리더십 The Wave 종합 평가

구분	문항	평 가
1. 셀프 리더십	비전	1. 가슴을 설레게 하는 비전을 가지고 있다.
	자신감	2. 자신의 삶에 자신감을 가지고 있다.
	인내력	3. 순간의 어려움은 성장을 위해 거쳐야 할 과정일 뿐이다.
	문제의식	4. 어떤 상황에서도 문제를 알면 길을 찾을 수 있다.
	책임감	5. 자신의 문제를 스스로 해결하고자 하는 책임감이 있다.
2. 임파워링 리더십	의견 수렴	6. 다른 사람의 의견을 수시로 파악하고 공감대를 형성하기 위해 노력한다.
	용 기	7. 갈등과 대립의 순간에도 용기 있는 결단을 내린다.
	통솔력	8. 모든 사람들이 원하는 방향으로 조직을 이끌어 가는 능력이 있다.
	커뮤니케이션	9. 대인관계 능력이 좋은 편이다.
	권한 위임	10. 일단 신뢰가 생기면 과감하게 일을 위임한다.
3. 감성 리더십	유연성	11. 순발력과 융통성이 있으며 급변하는 상황에도 여유 있게 대처한다.
	열 정	12. 시작하는 일에는 열정적으로 참여한다.
	유 머	13. 재치와 유머로 주변의 분위기를 부드럽게 한다.
	창의력	14. 독특한 발상으로 미래를 바라보는 안목이 있다.
	경쟁심	15. 경쟁을 즐기며 그 속에서 기회를 발견한다.
4. 글로벌 리더십	전략적 사고	16. 뭔가 결정을 할 때는 여러가지 상황을 고려한다.
	자발성	17. 결정된 일에는 주도적으로 참여한다.
	연출성	18. 더 나은 결과를 위해 의도적으로 상황을 연출한다.
	도덕성	19. 일을 할 때는 도덕성을 가장 중요하게 생각하고 실천한다.
	포용성	20. 상대방의 실수와 아픔을 감싸며 포용할 줄 안다.

※ 삶은 자신이 생각하는 그릇만큼 살게 된다. 자신이 살고자 하는 모습으로 자신을 평가해보기 바란다. 그리고 새로운 물결의 중심이 되자.

글을 마치며

내가 가장 좋아하는 TV프로그램 중에 〈인간극장〉과 〈스타킹〉이란 프로그램이 있다. 이 프로그램들은 이 세상 구석구석에서 자신의 삶을 열심히 가꾸며 나름대로 행복하게 살아가는 사람들의 따뜻한 이야기를 담고 있다. 〈스타킹〉이라는 프로그램은 보는 이로 하여금 웃게도 만들고 울게도 만든다. MC 강호동 씨를 유심히 보고 있으면 어쩌면 저런 모습이 오늘날 많은 사람들이 찾는 리더의 모습이 아닐까 하는 생각이 들기도 한다. 이러한 프로그램이 인기 있는 이유는 진행자들이 보여주는 재미도 재미지만 자신을 낮추며 상대방을 마음껏 띄워주는 코믹한 치어리더 리더십이 숨어있기 때문이라고 생각한다.

사람들을 즐겁게 하는 '재미'와 '감동'이 오늘날 디지털 시대의 핵심 키워드다. 이러한 디지털 시대에는 한 사람 한 사람 모두가 다 주인공이고 리더다.

법정 스님은 기업경영에는 경영 품질이 있고 서비스에도 서비스 품질이 있듯이 우리의 삶에도 삶의 질質이 있다고 했다. 우리 삶 속에서의 질은 사람과 사람 사이에서 느낄 수 있는 따뜻한 마음이다. 그리고 그 마음 한 자락 편안하고 행복하게 누리는 것이 질 높은 삶이 아닐까 한다.

나는 우리 삶의 품격과 질을 영원한 화두로 삼아 기업과 학교 그리고 산업현장에서 강의도 하고 글도 쓰고 있다. 하지만 사실 내 자신의 '삶의 질' 조차 제대로 챙기지 못하고 산다는 생각이 종종 든다. 항상 그렇듯이 한 권의 책을 끝내고 세상 밖으로 밀어낼 때는 마치 나신裸身으로 선 것과 같은 부끄러움과 수치스러움이 남는다.

"나 정말 그대들 앞에 진실하게 서 있는가?"

"그대들의 시간을 빼앗을 수 있을 만큼 진지하게 고뇌했던가?"

항상 이런 번뇌와 아쉬움이 남지만 그것을 극복함으로써 또 새로운 한계를 뛰어넘고자 한다. 물론 이렇게 정리된 생각이나 내용들이 모든 사람들의 공감대를 이끌어내기에는 다소 부족한 부분도 있으리라 생각한다. 그래서 영민한 고수들의 날카로운 시선을 겸허히 받아들이고 스스로 비판도 하면서 부단히 노력하고 있다.

나는 우리 삶의 영원한 화두인 서비스에 대해서 3개의 테마로 정리해 보는 것을 목표로 하고 있다.

그중 첫 번째 책인 서비스 마인드를 다룬 《CS Specialist 유혜선의 당당한 서비스》(시대의창 펴냄)는 이미 출간되었다. 이 책은 오랫동안 기업의 그늘에 있다가 처음 산업 강사로 나선 내가 '길'을 만들 수 있도록 도와주었다. 그리고 이번 책인 《나로부터 시작하는 물결 리더십 The Wave》는 '유혜선의 당당한 서비스 리더십' 시리즈 두 번째 책이다. 마지막 결정판으로 《유혜선의 당당한 서비스 마케팅―유혹의 마케팅》(가제)을 계획하고 있다. 독자들의 요구를 더 진화 수용하여 여러분들의 사랑 속으로 깊숙이 들어가고자 하는 욕심을 내본다.

나는 젊은 시절 대부분을 보낸 웅진그룹에서 서비스 마케팅의 진수를 배웠다. Before service에서 길을 만들고, In service에서 자신을 펼치고, After service에서 고객의 요구를 한 단계 더 진화수용하는 이러한 법칙이 바로 인생에도 적용되는 것 같다는 생각이 든다. 의지와 열정이 많은 사람이 실패하는 이유는 이러한 단계적이고 입체적인 사고 없이 자신의 생각의 모양과 각角을 그대로 세상에 들이대기 때문이 아닐까 한다. 물론 가장 많은 실패를 경험한 사람은 바로 나 자신이다. 그렇게 많은 시행착오와 실패의 경험들이 지금 이렇게 책을 쓰고 있는 힘의 원천인 것 같다.

인생은 자신이 좋아하는 것들을 유혹하는 것이다. 형형색색 길을 밝히는 조명을 달고, 호기심을 갖고 귀를 기울이게 하는 온갖 요란한 방울을 울리며, 현란한 몸짓과 고혹적인 향내로 사랑하는 사람의 마음을 애타게 만드는 유혹 말이다. 나는 이것을 영업을 하면서 배웠다. 그리고 우리 삶의 완성은 바로 자신과 그 주변으로부터 지속적인 사랑과 관심을 받을 때 이루어진다는 것을 알게 되었다.

나는 이렇게 힘들게 얻어지는 우리의 인생살이가 좀 달콤했으면 한다. 그리고 서비스가 우리의 삶의 질을 결정하는 것이라면 좀 달콤한 서비스가 되어야 한다는 생각이다. 가랑비에 옷 젖듯이 한 방울 한 방울 지속적인 물방울로 우리 삶이 행복하다 못해 달짝지근해질 수 있기를 바라는 마음이다.

앞으로 '유혜선의 달콤한 서비스 노트' 메일링 서비스로 여러분들의 가슴 속으로 가랑비처럼 스며들어갈까 한다. 크고 거창한 행복은 너무 개방적이어서 주변사람들의 질투와 시기로 쉽게 날아가 버릴 것만 같다. 그래서 '유혜선의 당당한 서비스 아카데미'에서 거창하게 떠벌리는 행복 말고 깨소금처럼 고소하고 달콤한 행복을 많은 분들과 나누고 싶다. 그리고 이러한 달콤한 행복들이 많이 담겨 있는 커뮤니티를 만들고 싶다. 이 책을 읽고 느낌을 남기고 싶은 독자분들이 계시다면 www.sunnyyoo.com으로 오셔서 깨소금 같은 행복을 함께 나누어주셨으면 한다.

이 책이 탄생하기까지는 열심히 수업에 참여하면서 많은 토론과 이야기로 나에게 새로운 아이디어를 준 숙명여대 문화관광학과 학생들의 도움이 컸다. 나는 이들과 함께 '서비스 리더십' '국제문화와 리더십'이란 과목을 공부하면서 우리 삶 속에서 서비스의 품격과 질을 한 단계 더 높일 수 있는 방안들을 연구할 수 있었다. 이들이 앞으로 세상에 나아가 영향력의 법칙과 리더십에 대한 많은 사례들을 직접 실천해보고 또 약간의 시행착오도 겪으면서 세상을 부드럽게 이끌 수 있는 현명한 서비스 리더로 자라갔으면 하는 바람이다.

끝으로 책을 통해서 내가 세상과 더 많은 영역에서 소통할 수 있는 기회를 만들어준 시대의창 김성실 사장님과 김이수 주간님, 박남주 과장님, 천경호님께 깊은 감사를 드린다.

2008년 2월, 새 봄이 오는 문턱에서

유 혜 선

부록 : CS 스페셜리스트 유혜선의 당당한 서비스 아카데미

오늘날 기업에서 가장 중요시하는 것 중의 하나가 외부 고객이다. 그리고 고객을 연구하고 그들의 가치를 개발하여 기업의 생산성과 효율성을 극대화는 것이 궁극적으로 각 개인과 가정의 삶의 질을 향상시키는 것이다. 그런데 이러한 성과를 내기 위해서는 단순히 열심히 하는 것만으론 안 된다. 열심히 하는 것과 잘해서 성과를 만들어내는 것은 분명히 다르기 때문이다. 자신이 가진 장점을 최대한 활용하면서 조직이 하고자 하는 일의 본질을 놓치지 말아야 좋은 성과를 창출할 수 있는 것이다.

이 책의 본문에서도 말했지만 리더는 주어진 환경에서 주변사람들을 잘 이끌어 최상의 결과를 만들어내야 한다. 그리고 그 결과는 누가 보더라도 올바른 것이어야 한다. 그러나 다양한 정보와 지식이 넘쳐나는 현실에서 이러한 리더로 성장하기 위해서는 철저한 훈련을 받아야 한다. 훈련을 통해서만이 새로운 시대에 새로운 인재로 인정받을 수 있는 유능한 리더로 자라갈 수 있는 것이다.

〈유혜선의 당당한 서비스 아카데미〉는 국내 유일의 시장지향적 서비스 마케팅 전문교육기관으로 21세기가 요구하는 글로벌 인재를 키우는 곳이다. 이곳에서는 미래지향적 글로벌 서비스 능력을 갖춘 당당한 서비스 리더를 배출하는 것을 목표로 하고 있다. 여기에서는 〈유혜선의 당당한 서비스 아카데미〉의 교육과정을 소개하고자 한다.

1. 서비스 리더십 Academy & Consulting

◉ 유혜선의 당당한 서비스 리더십

홀륭한 서비스 마인드와 서비스 역량을 갖춘 서비스 리더로서 갖추어야 할 자세와 역할을 배운다.

- 서비스 마인드
  - 왜 고객만족인가
  - 서비스의 일반적 특성
  - 서비스의 새로운 패러다임
- 서비스 리더십
  - 서비스 리더십이란
  - 우수한 서비스 리더의 조건
  - 서비스 리더의 4대 특성
- 당당한 서비스 리더
  - 서비스 리더의 비전
  - 서비스 리더의 역량과 가치개발
  - 고품격 서비스 리더십
  - 서비스 모델 되기
  - 수평적 커뮤니케이션에서의 협상 능력

◉ 서비스 코칭 스킬

서비스 마인드와 역량을 지닌 중간관리자로서 갖추어야 할 자세와 역할을 배운다. 마케팅 역량에 대한 자가진단을 통해 개선점을 파악하고 성공하는 팀장으로서의 모델 되기와 팀원을 지도하는 코칭 스킬을 학습한다.

  - 모델 되기
  - 코치 되기

◉ 창의적 여성 리더십(블루스타킹)

> 21세기 조직의 환경변화와 바람직한 여성 인재상이 무엇인지를 배운다. 그리고 창의적이고 주도적인 여성 리더가 될 수 있도록 훈련받는다.

- 블루스타킹 세상 만들기
  - 핑크칼라와 블루스타킹
  - 여성의 경쟁력은 블루오션이다.
  - 힘 있고 부드러운 창의적 여성 리더십
  - 강한 여성의 착각과 딜레마
  - 연대만 있고 전략은 없다
  - 강한 여자의 7가지 콤플렉스
- 블루스타킹 12가지 성공법칙
  - 셀프 MOT와 셀프 리더십
  - 성공하는 이미지 메이킹
  - 수평적 커뮤니케이션의 학습
  - 조직 속에서 성공하는 12가지 법칙 익히기

◉ 유혜선의 당당한 서비스 특강
  - 왜 고객만족인가?
  - 글로벌시대의 고객만족
  - 자기계발

– 서비스는 시스템이다.

– 서비스는 마케팅이다.

– 세계 속의 우리

2. 서비스 마케팅 Academy & Consulting

◉ 서비스 종합교육 과정

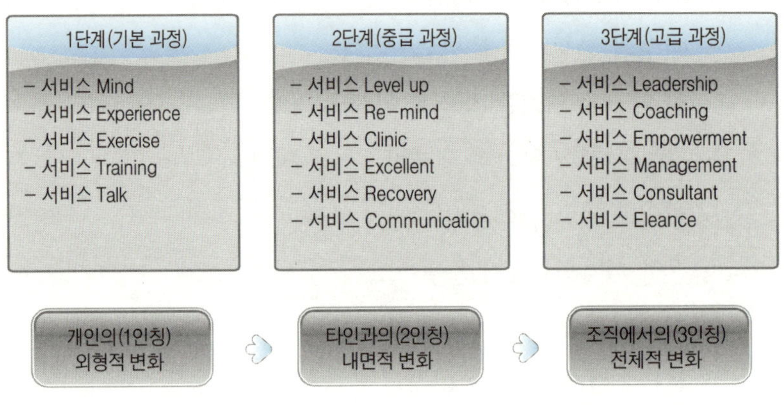

◉ 서비스 마케팅 전략 과정

고객서비스의 시대를 맞이하여 서비스 마케팅의 시대적 환경에 대한 파악 그리고 당당하고 실력 있는 조직의 중간관리자가 되기 위한 주요 실천전략을 학습한다. 또 성공하는 서비스 마케팅 프로세스 5단계를 익힌다.

– 마케팅 프로세스

◉ 세일즈 전략 과정 〈시스템 영업 깔때기 고객관리〉

체계적이고 과학적 영업 프로세스를 학습한 후 보다 당당하고 자신감 있는
영업(판매) 및 상담 능력을 계발하여 직업에 대한 전문성을 높이고 조직의 성
과 향상에 기여한다.

- Before Service

  － 시스템 영업의 구조화

  － 성장시장과 성숙시장

  － 정보원 찾기

  － 잠재고객과 가망고객 찾기

- In Service

  － Selling Process 5단계

  － 고객유형별 상담 및 서비스 매너

  － 상품지식 FAB

  － 반 발짝 앞선 Selling Point를 찾아라

- After Service

  － 깔때기 고객관리

  － DM/TM관리

  － 불만고객 서비스 관리

  － 충성고객/평생고객 만들기

3. Global & Luxury Service Academy

◉ 국제문화와 프로토콜

- 문화상대주의와 이문화의 이해
- 에티켓은 문화다.
- 국가별 비즈니스 프로토콜
- 비즈니스 커뮤니케이션(언어적, 비언어적 커뮤니케이션)

◉ 글로벌 비즈 매너 & 테이블 매너

- 문화와 에티켓
- 에티켓의 6대 원칙
- 비즈니스 해외출장
- 비즈니스 프로토콜(인사, 소개, 호칭, 명함, 선물, 공식의전)
- 비즈니스 상담기법
- 비즈니스와 접대문화
- 테이블 매너
- 파티매너
- 복장매너

◉ 글로벌 리더십

- 글로벌 리더의 요건
- 글로벌 리더의 변화와 리더십
- 글로벌 CEO의 리더십 유형 분석

- 글로벌 리더의 성공 공식

- 글로벌 리더의 Professional Attitude와 에티켓

◉ Charming & Luxury Lady school

- 신데렐라를 꿈꾸다

- Be Princess

- 파티의 여왕 되기

- 언제나 매력적인 스타일리스트
  - Professional한 남성의 이미지 연출
  - Professional한 여성의 이미지 연출

- 명품과 명품인생

◉ VIP & 귀족 마케팅

- 소비 양극화와 고급화 혁명의 시대

- 매스티지 & 프레스티지 마케팅

- 여성시장과 럭스플레이션Luxflation

- 호사를 즐기는 문화종족의 라이프스타일

- 주방과 생활 속에서 이루어지는 호사문화

◉ 와인 & 향수 아카데미

- 신의 물방울 와인의 맛과 향기

- 와인과 비즈니스

• 재미있는 와인과 생활이야기

• 토탈 뷰티 베이직 : 마법의 향수 이야기

• 향수 : 그 매혹적인 향기와 사용법에 대하여

〈SM 컨설팅 교육체계도〉

찾아보기